王有解

亦东坡

王海侠 著

民主与建设出版社
·北京·

图书在版编目（CIP）数据

人生有解苏东坡 / 王海侠著 . -- 北京：民主与建
设出版社，2024.6
ISBN 978-7-5139-4636-0

Ⅰ.①人… Ⅱ.①王… Ⅲ.①苏东坡（1036-1101）
- 传记 Ⅳ.①K825.6

中国国家版本馆 CIP 数据核字（2024）第 110624 号

人生有解苏东坡
RENSHENG YOUJIE SU DONGPO

著　　者	王海侠
责任编辑	彭　现
封面设计	言　成
出版发行	民主与建设出版社有限责任公司
电　　话	（010）59417749　59419778
社　　址	北京市海淀区西三环中路 10 号望海楼 E 座 7 层
邮　　编	100142
印　　刷	天宇万达印刷有限公司
版　　次	2024 年 6 月第 1 版
印　　次	2024 年 7 月第 1 次印刷
开　　本	880 毫米 ×1230 毫米　1/32
印　　张	8
字　　数	126 千字
书　　号	ISBN 978-7-5139-4636-0
定　　价	48.00 元

注：如有印、装质量问题，请与出版社联系。

［元］赵孟頫《苏轼立像》

潤州棲雲馮尊師蓄官人道三十年令七十餘
鬚髯鬒黑且語貌雅適使人意消見示東坡木石
圖因題一詩贈之仍約海岳菴同賦上饒劉良佐
舊豪寶生石浮榮木脫衣支離天壽永磊落世緣
徽豪卷似人喜閑門知己稱家秋有此景愧我撲
忘意歸

帶次韻

四十誰云是 三年不製衣
貧知世路險 老覺道心微
已是功身晚 何妨知我稀
欲逢風雅伴 歲晏未云非

峰

［宋］苏轼《枯木怪石图卷》

凌虛臺記

國於南山之下宜若起居飲食與山接也四方之山莫高於終南而都邑之麗山者莫近於扶風以至近求寂高其勢必得而太守之居未嘗知有山焉雖非事之所以損益而物理有不當然者

［宋］苏轼《凌虚台记书册》之一

此凌虚之所為築也方其

未築也太守陳公杖屨逍

遙於其下見山之出於林木

之上者累累如人之旅行於

墻外而見其髻也曰是必

有異使工鑿其前為方池

以其土築臺高出於屋之

危而止然後人之至於其上

[宋]苏轼《凌虚台记书册》之二

者怳然不知臺之高而以為

之踊躍奮迅而出也公曰是

宜名凌虛以告其從事蘇

軾而求文以為記軾復於公

曰物之廢興成毀不可得

而知也昔者荒草野田霜

露之所蒙翳狐虺之所竄

伏方是時豈知有凌虛臺

［宋］苏轼《凌虚台记书册》之三

耶廢興成毀相尋於無窮
則臺之復為荒草野田皆
不可知也嘗試與公登臺
而望其東則秦穆之祈年

橐泉也其南則漢武之長
楊五柞而其北則隋之仁
壽唐之九成也計其一時
之盛宏傑詭麗堅固而不

［宋］苏轼《凌虚台记书册》之四

可動者豈特百倍於臺而
已哉然而數世之後欲求
其髣髴而破瓦頹垣無復
存者既已化為荊棘禾黍

丘墟壟畝矣而況於此臺
歟夫臺猶不足恃以長久
而況於人事之得喪忽往
而忽來者歟而或者欲以

［宋］苏轼《凌虚台记书册》之五

夸世而自足則過矣蓋世
有不足恃者而不在夫臺
之存亡也既以言於公退
而為之記 山

紹聖四年三月十四日軾

在惠州書

[宋] 苏轼《凌虚台记书册》之六

［宋］李公麟《西园雅集》（部分）

［宋］李公麟《西园雅集》（部分）

目录 CONTENTS

卷
一

待发：初时高光

　　童年的奥义，不仅在于为生命提供初始的庇佑和营养，还在于为一个人的精神铺陈最重要的底色。正所谓，幸运的人一生被童年治愈，不幸的人用一生治愈童年。苏轼属于前者。他的成长之路，可谓春和景明。

　　他生在古之贤君宋仁宗在位时期，政治清明、文化璀璨；他的家乡四川眉州，山川孕奇蓄秀，诗书郁然千载；他有着和谐温暖、充满正能量的原生家庭；他有天赋又肯努力……种种因由叠加，一步步助力苏轼从懵懂的孩童成长为散发光芒的青年。

　　现代积极心理学为何视苏轼为珍贵样本？破解一个人的精神密码，当从源头开始。

鸟儿啁啾、竹影摇曳的小院

　　四川眉山，古称眉州。四围山水环绕，峨眉山、乐山、瓦屋山、青城山……山描青黛；岷江、青衣江、锦江……江翻雪浪。眉州城内石板铺街，随处可见青竹生凉、绿荷凝碧。

　　眉州城中有一大姓——苏姓。古颛顼帝，号高阳氏，其后人昆吾受封于苏地，后世便以苏为姓。唐神龙初年，在皇权的角逐中，唐中宗胜出，顺利复位，曾在武则天手下任宰相的苏味道，被贬为眉州刺史。后苏味道在眉州去世，其一子留居眉州，自此，抽枝散叶，繁衍出眉州苏氏一脉。

　　宋景祐三年①十二月十九日，眉州苏氏家族多了一个小生

---

① 景祐三年为公元 1036 年。但因苏轼出生于农历年末，所以苏轼出生的公元纪年应是 1037 年。

命，这就是苏轼。

苏轼最初的记忆从一座小院开始。

小院坐落在眉州城南纱縠行商业街上，清雅静谧的院内遍植花木，池塘闪亮如镜，菜圃生机勃勃，水井幽深如眼眸……高高低低的树枝上，缀满鸟巢，终日可闻鸟儿啁啾。

苏轼的母亲程夫人是虔诚的佛教徒，从不杀生，她也告诫家人不要杀生，富有灵性的鸟儿便成群聚集在这座充满善意的小院，对主人报以毫不设防的信任与亲近。

苏轼在鸟鸣声中长大。四岁时，他有了弟弟苏辙。兄弟俩是最好的玩伴，他们常常和亲戚邻居家的孩子们，一起出门疯跑撒欢，到醴泉寺摘橘柚，到石头山捡松果，在牛背上读书，在大地上掏土挖洞，去山坡上种松树，去眉州城里逛蚕市……自由玩乐，让孩子的心灵呈开放状态，这样才能接纳阳光。

后来，到了两鬓泛白的年纪，苏轼曾写下《送表弟程六知楚州》一诗，来回忆童年的快乐。

炯炯明珠照双璧，当年三老苏程石。

里人下道避鸠杖，刺史迎门倒凫舄。

我时与子皆儿童，狂走从人觅梨栗。

健如黄犊不可恃，隙过白驹那暇惜。

醴泉寺古垂橘柚，石头山高暗松栎。

诸孙相逢万里外，一笑未解千忧积。

子方得郡古山阳，老手风生谢刀笔。

我正含毫紫微阁，病眼昏花困书檄。

莫教印绶系余年，去扫坟墓当有日。

功成头白早归来，共藉梨花作寒食。

他们待得最多的地方，还是自家的小院。苏轼和苏辙牢记母亲的提醒，他们小心地饲喂那些鸟儿，把它们当成真正的朋友，从不用手捉弄。仁爱如种子，在苏轼心里种下，终其一生，都在葳蕤地生长。得到爱，给予爱，爱便会流动，内心将会永如源头活水，富足而充满生机。

院里的南轩，是苏轼的父亲苏洵的书房，满屋藏书，书香盈室。南轩外，有一丛茂密青竹，竹影轻摇，隔窗映在书案上，也映在苏洵伏案读书的身上，那意境可入诗入画，苏轼便也爱上了读书。当父母亲教他认字时，他非常认真，常常大声读书给他们听。在父母耳中，这是世间最美的音乐。

时光在书页上缓缓流过，庆历三年（1043），八岁①的苏

———————————

① 古人在孩子一落地就算作一岁，过了年便又算一岁，因此，在苏轼诗文的自述中，他的年龄比我们现在按周岁计算的年龄就大了足足两岁。本书所述之事以史料和苏轼本人的诗文为依据，因此苏轼的年龄也以古代记述为准。

轼入了乡校，随眉州城内天庆观北极院的道士张易简读书。一年后，苏辙也在此入学，兄弟俩成了同窗。张道士的学生有近百人，就数苏轼和陈太初最聪明，常得老师夸奖。

苏轼的聪明，首先体现在他有着照相机式的记忆力。七岁那年，苏轼遇到一位九十岁的老尼姑，听她讲后蜀末代国君孟昶与花蕊夫人的故事。四十年后，他还清楚地记得老尼姑朗诵的孟昶为花蕊夫人写的词，首两句是"冰肌玉骨，自清凉无汗"。以此为题材，苏轼写成了一首著名的词——《洞仙歌》。

仆七岁时，见眉州老尼，姓朱，忘其名，年九十余。自言尝随其师入蜀主孟昶宫中，一日大热，蜀主与花蕊夫人夜起避暑摩诃池上，作一词，朱具能记之。今四十年，朱已死久矣，人无知此词者，但记其首两句，暇日寻味，岂《洞仙歌令》乎？乃为足之云。

冰肌玉骨，自清凉无汗。水殿风来暗香满。绣帘开，一点明月窥人，人未寝，欹枕钗横鬓乱。

起来携素手，庭户无声，时见疏星渡河汉。试问夜如何？夜已三更，金波淡，玉绳低转。但屈指、西风几时来，又不道流年，暗中偷换。

苏轼的聪明，还表现在见解胆识非同一般。在乡校时，有人将从京师带来的《庆历圣德诗》①拿给先生看，苏轼在一旁偷听，很快便能将其中诗句熟记背诵。后来，他好奇地问先生："这诗里写的十一位，都是何人？""这都是朝廷里的大人物，小孩子家不要问。"对于先生的回答，苏轼反驳道："如果他们是天人神人，我不敢问，如果他们也是人，我为什么不能问？"先生听后很是惊异，便将诗中所写的人物一一讲给苏轼听，并且说这些人之中，韩琦、范仲淹、富弼、欧阳修是人杰。

　　这四个名字，在苏轼心中留下了深深的印记，成了他的精神偶像。当时谁也不会想到，日后除了早早去世的范仲淹，韩琦、富弼、欧阳修均与苏轼的生命发生过交集，尤其是欧阳修。

　　有一个道士老师是怎样的体验？大概就是让苏轼小小年纪，在儒家主流文化的熏陶之下，近距离感受母亲身上佛教文化的浸润之外，又与道教文化有了亲密接触。儒、释、道三种文化的交织融合，很早便在苏轼心中扎下了根，日后成了一代文豪精神世界的支柱。

---

① 《庆历圣德诗》为北宋山东人石介（石守道）所作，内容主要为颂扬宋仁宗时期实行的庆历新政。

读书之余，苏轼、苏辙与伙伴们也会放松放松，或谈天，或做游戏。夏天大雨，枯坐无聊，他们便即兴联句作诗。程建用先吟了一句"庭松偃仰如醉"，杨尧咨接道"夏雨凄凉似秋"，苏轼吟"有客高吟拥鼻"，苏辙想了半天憋出一句"无人共吃馒头"。四人爆笑。

倏忽两年又过，苏轼十岁了。因苏洵要赴京城汴梁（今开封）赶考，苏轼便和弟弟从张道士那里退了学，改为在家跟随母亲学习。从这时起，苏轼开始懂得，天下没有完美的家庭，这个家温馨和谐，不在于万事顺心，而在于父母的认知和处事方式。

苏洵早年不喜读书，他的父亲苏序也不勉强，直到有了苏轼，在程夫人的规劝之下，他才自我觉醒，发愿苦读。因苏洵还未做官，仅靠家中田产维持一家人的生活，难免捉襟见肘。程夫人毫无怨言，全力支持丈夫读书。出身富贵、知书达理的她放下身段，在操持家事、教育孩子之外，还兼营一些丝织品小生意，以补贴家用。程夫人的宽容，获得了苏洵的感激。父母之间没有互相伤害和抱怨，这将使孩子对人与人之间的相处充满信心。

程夫人的过人之处还不止于此。

带苏轼和苏辙读书时，喜爱历史的程夫人，常常和孩子们讨论历史人物和历史事件，让他们大胆发表看法。在读

《后汉书》时，苏轼读到范滂与母诀别的那一段，感动又敬佩，便问母亲："若我要做范滂，你会答应吗？"范滂博学刚正，因陷入宦官党争而被捕问斩。程夫人给出的回答是："你能做范滂，难道我不能做范母？"爱他，就不用爱束缚他，而是支持、鼓励他按自己的想法勇敢去飞。这样的母爱，给予苏轼坚定的意志和追求梦想的勇气。父母亲不经意的一句话，往往会对孩子的人生产生重大影响。

在这座鸟儿啁啾、竹影摇曳的小院，苏轼的人生，从成长的细碎点滴中启程。

从南轩到来风轩①

　　庆历七年（1047）五月十一日，苏洵的父亲（苏轼的祖父）苏序去世。

　　在苏轼心里，祖父值得更多的敬爱。这位高大英俊的老人，一生嗜酒，晚年热衷写诗，天性乐观开朗、淡泊随性，身上有一种仙侠交织的迷人气质。人们都说，苏轼身上，分明有着其祖父的影子，无论是长相、个性还是气质，苏轼的很多部分都遗传自苏序。血缘就是如此奇妙，一个人故去，并不会真的消失，他（她）生命中的一部分，会借由后代在世间存续。

---

① 苏轼在《南轩梦语》里写道："坐于南轩，对修竹数百，野鸟数千，既觉，惘然怀思久之。南轩，先君名之曰'来风'者也。"可见南轩原名为"来风轩"，后人因"三苏"改称"来凤轩"。

此前，苏轼意外得到了一把很珍爱的刀，他用这把刀来驱赶老鼠，还写了一篇《却鼠刀铭》，苏序读后非常高兴，把这篇文章郑重地装裱后张挂在墙上。苏序对苏轼的爱，留在了这把刀、这篇文章和很多往日的回忆里。

　　苏序的父亲苏杲有九个儿子，只有苏序健康地活到了老。"序"意为开篇，冥冥中似有天意，苏序用自己强韧的生命力，使得苏轼的诞生成为可能。他的名字成了预言，正是他，为中国文化灿烂的"三苏"时代写下了"序"。

　　听到父亲去世的噩耗，苏洵从虔州（今江西赣州）赶了回来。此时，距他离家已有两年。自从在京师考试落榜，苏洵一直在外漫游，从河南、陕西一直到了江西。办完父亲的丧事后，苏洵安心留在家里，将院里的南轩改名为来风轩，用做父子三人的书房。他一边专心读书，一边正式开启了陪读模式。苏轼和苏辙，也慢慢明白了自己名字的含义。

　　知子莫若父。苏轼天性颖悟，个性率直，锋芒毕露，苏洵为他取名"轼"，是希望儿子不要像车前用作扶手的横木那样露才扬己，要懂得收敛和低调；苏辙的个性则像父亲，持重沉稳，就像车轮碾过大地时留下的印记，苏洵相信以他的踏实谨慎，一生不会有太耀眼的光芒，也不用担心会有什么大的祸患。

　　对于个性外露张扬的苏轼，持重内敛的苏洵表现出了充分的接纳和认同，他不强迫孩子按自己的意愿改变，只是在深刻了解和充分尊重儿子的基础上，时时予以规诫和提醒，取名就是方法之一。

苏洵为儿子取名的深意，在他所作的《名二子说》中表达得很清楚。

轮辐盖轸，皆有职乎车，而轼独若无所为者。虽然，去轼则吾未见其为完车也。轼乎，吾惧汝之不外饰也。天下之车，莫不由辙，而言车之功者，辙不与焉。虽然，车仆马毙，而患亦不及辙，是辙者，善处乎祸福之间也。辙乎，吾知免矣。

一个人要丰富、提升自己，读万卷书不够，还要行万里路。闲暇时，苏洵带孩子们在附近四处游历，给他们讲自己在外游历的种种见闻，开阔他们的眼界。他特别提到，在虔州天竺寺，他看到了唐代大诗人白居易的亲笔诗。这让苏轼特别兴奋，他暗下决心，要好好读书，日后也去游历四方，亲眼看一看白居易的手迹。

除此之外，对于孩子的童心和自尊心，苏洵特别给予了尊重和保护。在生活中享受探索的乐趣，也是一种求知。

十二岁的苏轼，还和小时候一样，喜欢挖地洞，喜欢探寻大地深处的秘密。一天，他和小伙伴在自家院子的空地上挖土，挖出了一块形状奇特的石头，石面光滑细腻，有若鱼之皮肤，色泽莹润浅碧，敲起来锵然脆亮，有金属之声。

苏轼兴冲冲地将石头拿给父亲看，苏洵认真地欣赏着石头说："这是一块天然的砚石啊！"苏洵用这块石头制成的砚台，苏轼一直保存到生命尽头，还专为此写了一篇《天石砚铭》。

当然，尊重不意味着放纵，苏洵对自己曾虚度时光深感悔恨，因此对孩子们的课业要求非常严格，以至苏轼到了六十多岁，在遥远的海南，还梦见自己因为贪玩没有读完父亲规定的《春秋》，像吞了钓钩的小鱼一样惶恐不安。

那样的心情，被他记录在《夜梦》诗中。

七月十三日，至儋州十余日矣，澹然无一事。学道未至，静极生愁，夜梦如此，不免以书自怡。

夜梦嬉游童子如，父师检责惊走书。
计功当毕《春秋》余，今乃始及桓庄初。
怛然悸寤心不舒，起坐有如挂钩鱼。
我生纷纷婴百缘，气固多习独此偏。
弃书事君四十年，仕不顾留书绕缠。

自视汝与丘孰贤，《易》韦三绝丘犹然，如我当以犀革编。

在父母的身教言传之下，渐渐长大的苏轼学习非常用功，他常常拒绝小伙伴们出去游玩的邀请，将自己关在房里读书。

苏轼读书用功到了什么程度？举个例子，一百卷、近七十五万字的《汉书》，他能一字不落地手抄两遍。这样做的结果是，随意从《汉书》中找出一个字，他便能从这个字开始一气呵成地背诵下文。用这种方法，他读经、史、子、集，读庄子、孟子、韩愈、李白……浩如烟海的群书，被他精确地储存到脑海里，到下笔作文时可随意调用，史料、典故信手拈来，根本不用查书。

苏轼读书也讲求方法，比如他自创了"八面受敌读书法"，相当于我们现在所说的主题阅读。一本书读多遍，每遍都根据不同主题，从不同角度切入，有侧重地进行阅读，这样，每读一遍都会有新的收获，可以真正将书读透，转化为自己的东西，成就思想的独立性。

苏轼这种独立自主的思想，正是来源于父亲潜移默化的影响。

苏洵在二十七岁真正开始读书时，不再盲目跟风——只为应付科考，他从《论语》《孟子》和韩愈的文章开始自由地阅读，发誓书未读透之前，绝不写任何文章。在苏洵看来：读书不是为了功名富贵，而是为了提高自身修养，寻求治国理政的方法；读书贵在独立思考，只有独立思考，才能有自己的见解，才能有表达和创作的冲动，而只有有了创作和表达的冲动，下笔作文才能有内容、有价值。

苏轼按照这样的思路读书，提笔作文水到渠成。十岁时，苏轼就已开始写文章，苏洵还会时不时给苏轼出命题作文。有一次，苏洵出的题目是《夏侯太初论》。苏轼写完后，苏洵看到文中有这样几句话："人能碎千金之璧，不能无失声于破釜；能搏猛虎，不能无变色于蜂虿。"[1]年仅十二的孩子能有如此见解，苏洵很欣慰：看来儿子不仅精于读书，而且善于将书中所学化为己用。

他想起自己正在读欧阳修的《谢宣召赴学士院仍谢赐对衣金带及马表》一文，便让苏轼仿写一篇同题作文。这个要求相当高，欧阳修可是当时的文坛领袖，但苏轼毫不胆怯，文思泉涌，很快就写完了。读完之后，苏洵更加惊喜：这个孩子将来一定大有可为。

教育的使命，不只是引导孩子如何学习，更重要的是让

---

[1]　这几句话的意思是说，一个人能沉着面对价值千金的玉璧的破碎，却会在砸烂一口锅时失声呼叫；能有勇气搏击猛虎，却会在遇到蜂虿时勃然变色。

孩子知道如何做人。读书作文时形成的独立思想，贯通到了苏轼日后的整个人生中，形成了他毕生追求的独立自由的人格。这是来自父亲最好的礼物。

苏洵并非是只知读书的书呆子。他对艺术相当痴迷，喜欢收藏书画、碑帖。在父亲的熏陶之下，苏轼也变得热爱艺术、兴趣广泛，除了学习之外，他还喜欢收藏书画碑帖，感受琴棋书画、烟火饮食之美。一个心灵丰富的人，才能真正懂得如何享受生活。生活美学，很早便在苏轼心里萌芽了。

他也曾想"躺平^①"、拒婚

十七岁，正是人生的花季。处在这个年纪的苏轼，却第一次深切地感受到花落的哀伤和生命的无常。

他的三姐八娘，出嫁仅一年，就因受到公婆的虐待而病逝，此时年仅十八岁。八娘的夫婿，是程夫人的侄子程正辅，想来他也是不够体贴和爱护妻子，才至于让八娘抑郁成疾。

除了八娘，在苏轼之前，苏洵和程夫人还育有一子两女，都不幸早夭。现在八娘已逝，苏洵和程夫人只剩下苏轼、苏辙两个孩子。苏洵悲愤难抑，断然宣布与程家绝交。这时的苏轼不会想到，日后自己身处万里天涯，与程正辅狭路相逢，关系竟然发生了神奇的变化。

---

① "躺平"为网络用语，通常指顺从于现实，不努力作为。

日子在明亮与迷惘交织的青春中滑过。一晃，苏轼长成了十九岁的俊朗青年。他身形颀长，脸庞清瘦方正，颧骨很高，目光炯炯①，又是眉州城出了名的"学霸"，想做他新娘的女子排成了长队。最终，苏轼娶了十六岁的王弗。

关于苏轼与王弗，世间广为流传的是这样一个故事：

在眉州青神县，有一座中岩书院，书院掌门人是乡贡进士王方，苏轼曾在其门下求学。书院不远处的中岩寺下，有一方山泉汇聚而成的清池，相传为"慈姥龙"所居之处。这方池很是奇妙——池水清澈见底，表面看来池中空无一物，但若站在池边击掌，便有无数鱼儿成群游翔而出，仿佛从天而降。

只可惜此池没有正式的名字，王方深以为憾，便邀请众多才子相聚池边，以求一贴切雅名。其他人苦思所得之名，一一被王方否决，只有苏轼的"唤鱼池"独得王方赞赏。恰在此时，王方之女王弗也差丫鬟送来题名，竟也是"唤鱼池"。金风玉露奇妙相逢，王方于是做主将女儿嫁给了苏轼。

这个故事很大概率是后人虚构的浪漫，因为有人考证，苏轼的初恋对象并不是王弗，而是他的堂妹。苏序去世

---

① 此处关于苏轼相貌的描述，是以苏轼本人的诗文、同时期人的文字记述以及公认最接近苏轼真实样貌的李公麟为苏轼所画的像为依据。

时，这位堂妹还曾来奔丧。苏轼与堂妹彼此钟情，但同姓同宗，成婚绝无可能。后来，这位堂妹嫁给了一个名叫柳仲远的人。

苏轼后来在写给朋友王庠和刘宜翁的信中，说到自己年少时曾想要"躺平"，意欲逃窜山林，不想结婚，不想做官。[①]这并非思想消极，而是每个人都会有的内心深处的一时之念。谁不向往轻松自由，谁又不曾在成长的路上经历摇摆与犹疑？这正是真实如你我的苏轼，而不是高高在上、被光环笼罩的神。可见，从那时起，出世与入世、隐与仕的矛盾，就已在苏轼的心中埋下，这样的纠结，伴随了他一生。

苏轼内心的坦露也说明，他与王弗的婚姻，很可能是听从父母之命、媒妁之言的。虽然婚前心底曾有抗拒，但苏轼婚后的生活颇为幸福和谐，他从父母的关系中学会了爱与信任，学会了夫妻相处之道。王弗美丽聪慧、贤淑温良，个性沉静低调，正好与外向热情的苏轼形成互补。

婚后很长一段时间，苏轼都以为王弗没有读过多少书，直到有一次他背书忘词时被王弗柔声提醒，才大吃一惊，那篇文章如此艰深，妻子居然非常熟悉，可见是隐藏的大才

---

① 《与刘宜翁使君书》："轼龆龀好道，本不欲婚宦，为父兄所强，一落世网，不能自遁。"《与王庠书》："轼少时本欲逃窜山林，父兄不许，迫以婚宦，故汩没至今。"

女。从此，他对王弗刮目相看，夫妻琴瑟和鸣，更加恩爱。

苏轼结婚一年后，苏辙也娶了一位姓史的姑娘。苏洵如此密集地安排两个儿子的婚事，自有他的考量。

这些年，苏洵刻苦攻读，奈何科考总是失利。也正因为如此，颇为赏识苏洵的益州（今成都）刺史、朝廷重臣张方平，向朝廷举荐苏洵为官的事，未能成功。苏洵至此将自己的功名暂且搁置，开始谋划儿子们的前途。他带着苏轼和苏辙去见张方平。张方平非常欣赏苏轼和苏辙，建议他们去京城应试，还抛下颜面，给与自己有过节的欧阳修写信，请求欧阳修举荐苏氏父子。考虑到此去京师花费甚大，张方平又自掏腰包，资助了苏氏父子一些旅费。

长这么大，苏轼和苏辙还从未出过远门，去往京城，更是不敢多想。京城是什么样子？一路上又会经过哪些地方？考试会顺利通过吗？

二十岁的苏轼，憧憬着，想象着，浑身充满了斗志。

超级学霸的成名之路

嘉祐元年（1056），春暖花开的三月，苏轼和苏辙随父亲从眉州出发，一路北上，自嘉陵江畔的阆中登上终南山，经褒斜古道来到了凤翔。那时的苏轼并不知道，自己此后的人生会和这个小小的地名联系在一起。因急于赶路，他们并没有在当地游览，只寻了一家小客栈过夜，然后又马不停蹄奔向下一个站点——长安。

在长安，他们乘坐的马因太过疲惫而病死，接下来的路途，只好改为骑驴，一路颠沛，等到京城已是五月。不想京城刚下过一场大雨，满地浊水，像一片汪洋大海，路上没有车马，人们划着小船来来去去。

入夜，苏轼走出驿馆，见水光倒映着辉煌的灯火，大都市的繁华让人显得如蝼蚁般渺小，从未有过的孤独与茫然袭上心头。苏轼感觉未来正像眼前的风雨一般飘摇难料。

紧张的备考过后，这年八月，苏轼、苏辙在景德寺参加了举人试，苏轼以第二名中举，苏辙也榜上有名。初战告捷，但苏轼和苏辙知道，这仅代表他们获得了应试进士的资格，接下来是一场硬仗。

第二年正月，翰林学士欧阳修知贡举①。在位于京师东北安远门里的开宝寺礼部贡院，苏轼和苏辙参加了会试。苏轼得中进士第二名，苏辙也同列进士。当时考试时，考生写完的文章会由专人誊抄后呈送主考官，因此主考官并不能看到考生的原卷，也不知道考生的姓名。欧阳修看到苏轼的文章，本欲取为第一，又误以为是自己的弟子，为了避嫌便取为第二。也就是说，苏轼实质上是进士头名。

放榜后，欧阳修对此心存歉意，苏轼却毫不在意，他诚恳地给欧阳修写信致谢。从此，他们开始以师生相称，这种深厚的情谊持续终身。

与此同时，苏洵也以文章受知于欧阳修。苏氏父子三人质朴的文风，正与欧阳修倡导的古文运动相合，眉州"三

---

① "知贡举"就是"特命主掌贡举考试"的意思，一般由朝廷有名望的大臣担任。唐宋时指特派主持进士考试的大臣。

苏"一时名动京师。带着喜悦，苏轼和苏辙再次投入到紧张的备考中——他们还要参加殿试。

在兴国寺举行的殿试中，苏轼第一次离皇帝如此之近。宋仁宗性情宽厚，节俭自省，知人善任，对文士特别友好，苏轼深信，逢着这样的皇帝，只要自己科考顺利，来日一定能用自己所学造福国家。

没有丝毫悬念，苏轼和苏辙双双顺利通过殿试。忙乱告一段落，就在这时，一个晴天霹雳骤然砸下，震得苏轼父子三人心神俱裂——程夫人突然在眉州家中与世长辞。

身为柔弱的女子，程夫人承受了太多。以前丈夫不求上进，她也不强求，除过偶尔温柔劝说，只是默默承担起养家重任。父子三人进京觅前程，家中虽有两个儿媳帮衬，但她们太年轻，一应大小事务，仍得由她操心。八娘的死，苏洵与程家断交，是她心里无法言说又永远不能愈合的伤痛。她唯一的希望，在两个儿子身上。现在，好容易等到儿子们进士及第，她还未分享喜悦，便已撒手人寰。

山迢水遥，父子三人仓皇回家。小院仍是往日景象，竹影婆娑，鸟鸣依旧，只是女主人再也不会倚在门边，含笑等待归家的人。不论如何伤痛，逝者也不能复生，活着的人还要继续将日子过下去。

父子三人强打精神，将程夫人安葬于武阳安镇山下。苏洵为妻子写下了一篇深情的祭文。

程夫人丧期满后，苏轼、苏辙身为新科进士，要回京等待任职，苏洵此前就有在京城附近安家的想法，便在嘉祐四年（1059）金秋时节，带领全家迁往京城。

此次赴京，没有特别紧急之事，因此苏轼一家人走得很慢。他们十月从眉州出发，先走了两个月水路，到荆州后又走了两个月陆路才到京城。这一路，丧亲之痛渐渐淡去，恰是与家人自在舒心的游历，让父子三人将沿途见闻、所思所感写成诗赋，共一百篇，合编为《南行集》——此集没有传本，所幸其中有些文字被收录在了其他文集中。

弃岸登舟，一路上，人随船在江上漂流，两岸青山如屏。苏轼站在船头看那些山，山来来去去，就像生命中来了又去的人，他看见山上的行人，想跟他们打声招呼，船却倏忽间已经走远。这种感觉对于年轻的苏轼来说颇为有趣，他便写下了《江上看山》一诗。

> 船上看山如走马，倏忽过去数百群。
> 前山槎牙忽变态，后岭杂沓如惊奔。
> 仰看微径斜缭绕，上有行人高缥缈。
> 舟中举手欲与言，孤帆南去如飞鸟。

从眉州前往京城途中，沿岷江乘船顺流而下，嘉州（今乐山市）是第一站。在那里，苏轼见到了一个被历史遗忘的人——郭纶。是否上天注定了他与苏轼的相遇？是否上天要借苏轼之口替他发出叹息？

"河西猛士无人识，日暮津亭阅过船。路人但觉骢马瘦，不知铁槊大如椽。因言西方久不战，截发愿作万骑先。我当凭轼与寓目，看君飞矢集蛮毡。"这首《郭纶》，是《南行集》中苏轼的第一首诗，也是我们目前所能见到的苏轼最早的一首诗。

郭纶曾是河西战场上的英雄，他挥着如椽大的铁槊，骑着快马，闪电般掠过大漠，手起槊落，西夏敌兵如蚁溃散。这样的豪气在庆历四年（1044）戛然而止。那一年，大宋与西夏达成庆历和议。郭纶变成一粒微小的尘埃，飘落在了嘉州。

没有人认识他，人们只看到他骑着青白瘦马，时常坐在黄昏的渡口，百无聊赖地数着过往的船只。暮色中，他落寞的身影像一尊沉默的雕塑。他还在梦想有朝一日再上战场，铁马渡冰河，挥洒热血。

诗句中，苏轼对这位英雄倾注一腔痛惜和敬慕之情。年轻如他，并不会将自己的命运与郭纶联系起来。要等到多年以后，他才会明白，有些人之间看似没有过多交集，命运却暗中相通。从古至今，没有人能独立于时代之外，也没有人能够摆脱冥冥中那看不见的力量的控制。

嘉祐五年（1060）二月十五日，苏轼一家到达京城，在西冈租了一处住屋。紧接着，苏轼和苏辙参加了吏部的面试和官场应用文写作测试，通过之后，分别得了一个小官。古代官员任命很看重资历，年轻的进士再有才能，仍须从最底层做起。

苏轼和弟弟都拒绝接受这样的从九品小官，他们准备参加制科考试①。

制科考试有多难？苏轼说"于万人之中，求其百全之美"，考试根本没有范围，谁也不知道皇帝会问什么，所以为了稳操胜券，考生就得把自己修炼成无所不知的学神。

为了安心应考，苏轼和家人便搬到丽景门外的怀远驿居住，这里地处汴河岸边，偏僻，但也幽静。学习压力巨大，苏轼兄弟的生活却异常清苦，一日三餐，桌上只有白米饭、白萝卜和盐。炎炎夏日，兄弟俩静坐苦读，常常汗如雨下，浑身湿透。

时光飞逝，不知不觉间，苏轼和苏辙住在怀远驿已有半

---

① 制科考试又称制举，是唐宋时期一种特殊的考试制度，不定期举行，程序比一般的科举考试要严格而烦琐。参考人员先由朝中大臣进行推荐，然后参加一次预试，最后由皇帝亲自出考题考核。

年。七八月夏秋之交的一个夜晚，苏轼和苏辙照常读书，突然风起雨落，秋凉阵阵袭来，苏辙身子单薄，受凉会咳嗽，便起床寻夹衣穿。苏轼正读到韦应物的"那知风雨夜，复此对床眠"两句诗，但在秋风秋雨中，他看着弟弟的身影，不禁感伤起来。

不久的将来，两人都要做官，各奔前程，像这样朝夕相处的日子，很难再有。这一夜，他们定下了一生的盟约——期待来日早早从官场退隐，"夜雨对床"，相伴终老。这个愿望，被苏轼携带一生，成为颠沛流离中的希望和慰藉。

在制科考试前，苏轼、苏辙首先需要选出自己所作的五十篇策论，交给朝廷指定的人员查看，被评为优等后，才能参加接下来的秘阁六篇论文考试。这六篇论文，每篇最少五百字，必须在一天一夜内写完，根本没有打草稿的时间。苏轼的六论，写得从容不迫，文质兼美，人们又一次发出惊叹，说他是世上难得的天才。

嘉祐六年（1061）八月二十五日，仁宗皇帝在崇政殿亲自主持制科"贤良方正直言极谏"[①]考试。考试光题目就长达五百多字，作为答题的文章，规定字数最少三千，且必须在

---

① "贤良方正"与"直言极谏"原本是两个科目，早在汉代选拔官吏时就已开设，后合二为一，唐代开始将"贤良方正直言极谏"设为制举科目。

当天完成。苏轼的答文写了五千五百多字，且分条陈述，汪洋恣肆。宋仁宗一读之下，于酣畅淋漓中，见识到了这位青年学子的非凡学识与满腔赤诚之心。

这次制科考试，四人中只录取了三人，苏轼为三等，苏辙为四等。自宋代实行制科考试以来，第一、第二等从未有人得过，在苏轼之前，只有一人得过三等。实质上，三等也就是最高等。这一年，苏轼二十六岁，苏辙二十三岁。

就在同年八月，苏洵没有像以往那样婉拒朝廷大材小用的任命，而接受了文安县主簿的官职。五十三岁的老苏，终于走完了曲折的求官之路，以自己的才华，在没有参加科考的情况下，等来了一个理想的职位。

超级学霸，"特科"王者。苏轼人生之初的最高光时刻，终于来临——尽管这荣光得来如此不易。他的人生从此是否会因此一路开挂、一片锦绣呢？

无论前路如何，苏轼在生命源头所获得的基因遗传、引导、接纳、认同、鼓励、陪伴、自信、尊重与爱，都成为他精神底色中的光芒，这光，会在未来的某些时刻，将黑暗照亮。

风起：触摸人生真相

  在凤翔，初入仕途的苏轼，遇到了职场新人的普遍难题，也学到了很多受用一生的东西，第一次深刻体验到自身存在的价值。

  随着时光的推移，苏轼逐渐触摸到社会和人生的真相。因为反对王安石变法，杭州成为他从云端跌落的开始，但天堂之城并非盛满痛苦——在造福民众的作为中，在湖光山色的悠游中，在与文朋诗友的唱和中，个人命运遭遇的痛苦得到淡化。也是在这个时候，苏轼找到了一种宣泄情感与抚慰内心的强大武器——词。从杭州到密州，是苏轼精神升华的开始，也是他词作艺术光芒四射的开始。

职场新人的喜悦与哀愁

　　嘉祐六年（1061），苏轼被任命为大理评事、签书凤翔府（今陕西凤翔县）判官①，即刻离京赴任。而苏辙暂未接受朝廷任命，决定留京侍奉父亲。苏轼走时，苏辙一直送到离京城一百四十里的郑州西门外。

　　随着自己的远去，苏辙的身影渐渐消失，苏轼不禁心潮翻涌，当即在马上构思了一篇题目很长的诗作《辛丑十一月十九日既与子由别于郑州西门之外》，准备日后寄给弟弟，以表达自己此刻的眷念与留恋之情：

---

① 　这个官衔的全称是"将仕郎、守大理寺评事、签书凤翔府节度判官厅公事"，前面两个官名分别代表级别和待遇，最后一个官名是实际职务——凤翔府签判。

不饮胡为醉兀兀，此心已逐归鞍发。

归人犹自念庭闱，今我何以慰寂寞。

登高回首坡垄隔，惟见乌帽出复没。

苦寒念尔衣裳薄，独骑瘦马踏残月。

路人行歌居人乐，僮仆怪我苦凄恻。

亦知人生要有别，但恐岁月去飘忽。

寒灯相对记畴昔，夜雨何时听萧瑟。

君知此意不可忘，慎勿苦爱高官职。

　　到了渑池，苏轼去访老僧奉闲——五年前，他与父亲、弟弟赴京赶考路过此处，曾在奉闲的精舍借宿。不料奉闲早已圆寂，僧舍屋毁墙颓，当年他们留在壁上的题诗已踪迹难觅。联想到苏辙所写《怀渑池寄子瞻兄》一诗，苏轼感慨万千，《和子由渑池怀旧》一诗水泻而出："人生到处知何似，应似飞鸿踏雪泥。泥上偶然留指爪，鸿飞那复计东西。老僧已死成新塔，坏壁无由见旧题。往日崎岖还记否，路长人困蹇驴嘶。"

　　"人生到处知何似，应似飞鸿踏雪泥"为千古名句，是对人生本质的深沉思索——人生像什么？就像天空中飞翔的鸿雁偶尔在雪地上的停留。鸿雁会飞走，雪地上的爪印会随雪的消融而消失，一如人世沧桑、际遇无常。其中又暗含追问：人生究竟所为何来？最终又会留下什么？此时的苏轼，不过二十六岁，却已对人生有了如此深刻的思考。

十二月十四日，苏轼到达凤翔。五年前赶考时见到的凤翔官府驿馆，破败不堪。如今驿馆修葺一新，这是早他四个月到任的凤翔知府宋选的功劳。未来上司勤勉务实、做事认真，苏轼敬佩赞赏之余，有感而作《凤鸣驿记》。

十五日办完交接，十六日苏轼便马不停蹄地来到了凤翔孔庙。在那里，他见到了刻有大篆文字的珍稀文物——石鼓。看着暗沉古拙的石鼓，一千余年前的文明似乎触手可及。苏轼细细辨认那些形状奇特的古文字，而后写下一首《石鼓歌》。

苏轼的具体工作，主要是辅助知府，掌管机关日常公文，也分管一部分有关案件、税务等的工作，工作非常忙碌。

在基层走访调研时，苏轼发现了一个问题。凤翔百姓每年都要完成朝廷规定的一项任务——在终南山砍伐大量木材编成木筏，由渭水入黄河运抵京城。此前时间规定很严格，很多公物明明并不急用，却强迫服役的百姓在黄河凶险的汛期运送。苏轼果断修改规定，让百姓避开黄河汛期，自由选择运送时间，伤亡人数自此下降了一半。

后来，苏轼在走访中发现凤翔古迹饮凤池池水干涸、淤泥堆积，便亲自设计整修方案，带领工匠，将凤翔城西北的凤凰泉引到饮凤池，古饮凤池成了凤翔最亮丽的名片，周边农田也得到了灌溉。

脱胎换骨的古饮凤池，碧波盈盈，绿柳依依，花木亭桥掩映，宛若江南胜景……因此湖处凤翔城东，苏轼便称它为"东湖"，并为此写下一首题为《东湖》的诗。

吾家蜀江上，江水绿如蓝。尔来走尘土，意思殊不堪。
况当岐山下，风物尤可惭。有山秃如赭，有水浊如泔。
不谓郡城东，数步见湖潭。入门便清奥，恍如梦西南。
泉源从高来，随波走涵涵。东去触重阜，尽为湖所贪。
但见苍石螭，开口吐清甘。借汝腹中过，胡为目眈眈。
新荷弄晚凉，轻棹极幽探。飘飘忘远近，偃息遗佩篸。
深有龟与鱼，浅有螺与蚶。曝晴复戏雨，戢戢多于蚕。
浮沉无停饵，倏忽遽满篮。丝缗虽强致，琐细安足戡。
闻昔周道兴，翠凤栖孤岚。飞鸣饮此水，照影弄毿毿。
至今多梧桐，合抱如彭聃。彩羽无复见，上有鹳搏鹌。
嗟予生虽晚，好古意所妠。图书已漫漶，犹复访侨郯。
《卷阿》诗可继，此意久已含。扶风古三辅，政事岂汝谙。
聊为湖上饮，一纵醉后谈。门前远行客，劫劫无留骖。
问胡不回首，毋乃趁朝参。予今正疏懒，官长幸见函。

不辞日游再，行恐岁满三。暮归还倒载，钟鼓已鼞鼞。

因一直忙碌，苏轼直到来凤翔的第二年，才顾得上为自己修建官舍。到底脱不开文人心性，苏轼在官舍之中建造了一个休闲小亭，只是亭名一直未定。

凤翔一向干旱少雨，这一年竟然连续三月滴雨未降，苏轼忧心不已，无奈之下只得求助神灵，他和宋选不顾路途迢遥，去太白山祈雨，写下了一篇《凤翔太白山祈雨祝文》。

不久，连降三场雨，旱情缓解，苏轼按捺不住喜悦，他和百姓一起在雨中放声歌唱，举杯欢庆。于是苏轼为那座未命名的小亭取名为喜雨亭，并将这段经历和心情记录在一篇千古传诵的文章《喜雨亭记》中："亭以雨名，志喜也。古者有喜，则以名物，示不忘也……"

苏轼到任凤翔一年后，与他相处融洽的宋选离任，新来的凤翔知府是苏轼同乡，眉州青神人，名叫陈公弼。陈公弼年纪堪做苏轼的祖父，中等身材，面目瘦黑，目光如冰，不苟言笑。最令苏轼难以接受的，是新上司个性古怪，似处处与自己作对。

听到有人叫苏轼"苏贤良"，陈公弼怒道："一个小小判官，有什么可贤良的？"还把那个称苏轼为"贤良"的人拉下去打板子。苏轼去拜见，陈公弼故意很久不露面，苏轼走、留都不是，尴尬无比。苏轼经手的文书，陈公弼总要挑刺，一改再改。这对才高名盛、年轻骄傲的苏轼来说，是打击和耻辱。因此他常与陈公弼当面争执，也在一些事情上曲折地表达自己的态度。比如嘉祐八年（1063），知府厅的中元节官方庆典他就没有参加，结果被陈公弼上告朝廷，罚了八斤铜。

职场新人苏轼，在进退两难的境地中，无比怀念未入仕途时自由无虑的时光，他常常给弟弟写信以纾解郁闷。而妻子王弗和儿子苏迈的陪伴，也让苏轼得到很大的安慰。

除了周到体贴的照顾与无时不在的陪伴之外，王弗还承担着提醒丈夫的使命——这是公公苏洵的嘱托。苏轼个性直率，与人交往毫不设防。每当家里来客，苏轼与客交谈时，王弗便在帘后静听。客人走后，王弗会告诉苏轼：这个人毫无主见，一味恭维，不值得与之浪费时间；那个人太过热络，不可深交……对此，苏轼欣然接受。

虽说生性豁达，但与上司关系不好，也让苏轼颇感不快。初入职场便遭遇如此困局，该如何破解？一切只有交给时间。

峰回路转，花明柳暗

以苏轼的个性，心里有话必得一吐为快，如若不然，就像吃了苍蝇一般难受。对陈公弼的不满，他终于逮着了一个尽情发泄的机会。

治平元年（1064），陈公弼在凤翔建的凌虚台落成，请苏轼写一篇文。这对苏轼当然不是难事，他洋洋洒洒写下一篇《凌虚台记》，文中暗藏机锋，讽刺陈公弼想凭建凌虚台扬名于世、自我满足。

让苏轼意外的是，这篇《凌虚台记》陈公弼居然不改一字，当即命人刻于石上，立在凌虚台处。后来，苏轼才明白，陈公弼原来是一个面冷心热之人，他之所以这样对苏轼，实则是出于爱护之心，担心他年纪轻轻、才名太盛而过于自满张扬。

原来，笑容不全是友善，冷脸也不全是恶意，就如同白天并不全是光明，夜晚也不等同于黑暗。这就是世道人心的真相。多年以后，极少给人写传记与墓志的苏轼，为陈公弼写下一篇长长的传记，文中表达了因自己当年不懂陈公苦心而愧疚的心情。

苏轼与陈公弼，都是真君子，他们之间并无大是大非的根本性矛盾。苏轼的才干、品性都令陈公弼深为欣赏，而陈公弼为官也令苏轼深感钦敬。他从这位上司身上，看到了丰富的人性，更学到了正直为官之道。

时光流逝中，苏轼对陈公弼的了解日渐加深，但他的三年任期已满，要另派别处。

离开前，苏轼带着满满的怀恋，回望自己的凤翔岁月。这三年中，他努力工作，从两位上司身上学到了许多为官之道，为民众做了很多实事，卓越的政绩背后，劳苦与幸福交杂。繁重公务之余，他在凤翔四处观览古迹，除了"石鼓"，还有秦碑"诅楚文"、王维和吴道子的画、唐代著名雕刻家杨惠之塑的维摩像、真兴寺阁、李氏园、秦穆公墓，他为这六处文物古迹各写下一首诗，与《石鼓歌》《东湖》合称《凤翔八观》。

在凤翔，苏轼也收获了新的友情。苏轼从京城到凤翔上任时，在京结识的朋友马梦得一路追随。旧友固然值得珍惜，新友也值得期待。

嘉祐七年（1062）秋天，苏轼到长安负责进士考试事务时，意外地遇到了当年与他同榜中礼部进士的章惇。两个人年纪相当，才华、志气都非同一般，通过这次考务工作而变得熟悉起来，很快成了好友。

据说两人一同出游时，章惇曾毫无惧色地走过万丈深渊上的独木桥，也曾若无其事地近距离敲响铜锣吓退老虎。他笑话苏轼胆小，苏轼却开玩笑说他将来会杀人，章惇听后哈哈一笑。章惇与苏轼个性不同，但这并不影响他们的友情。

新结交的另一位朋友，其实可算旧识。

嘉祐五年（1060），苏洵在京城为官时与文同[①]是同事。苏轼与文同早就听说过彼此，但一直未见面。直到四年后，文同为父守丧期满，赴汉州（今四川广汉）任职，途经凤翔，才有了与苏轼见面订交的机会。二十九岁的苏轼与四十七岁的文同，个性相契、情趣相投，两人都天真随性、乐观幽默，爱好文学、绘画。他们初见对方便似遇见了另一个自己，很快成了忘年知己。

还有一个人——陈公弼的第四子陈季常，在苏轼后来的人生中也颇为重要。

---

① 文同，字与可，号笑笑居士、笑笑先生，人称石室先生，以学名世，擅诗文书画。

一次在西山，苏轼见陈季常策马一箭射中飞鸟，深为陈季常身上的侠气所动，便与他在马上谈起了用兵之道与古今成败之事。其时与陈公弼的关系，并未影响到苏轼与陈季常的交往。苏轼用坦荡广阔的襟怀，无意中为未来储蓄了一份福泽。

每一段友情，都是人生变幻的伏笔。友谊的走向，无法预知，也无从掌控。有的人，相伴终生，不离不弃；有的人，中途离散，悄无声息；有的人，是上苍珍贵的馈赠；有的人，成了命运莫名的暗涌。

于热爱交友的苏轼来说，马梦得、章惇、文同、陈季常，会在他未来的人生中扮演什么角色，目前还不得而知。他只知道，友情是人生中重要的部分之一。

治平二年（1065）正月，苏轼回到京城。新皇帝宋英宗本想召苏轼入翰林院任自己的机要秘书，却遭到了韩琦等重臣的反对，理由是苏轼年纪太轻、资历太浅，需要多多磨炼。英宗于是改任苏轼为直史馆[①]，负责编修国史。

正当苏轼在朝中准备大展其才，想要有所作为时，天大的不幸接连降临——这一年五月，陪伴了苏轼十一年的妻子王弗，在京突然染疾离世，年仅二十七岁。丧妻之痛还未复

① 北宋设置的史馆，负责撰修国史、编纂日历等。史馆内设直史馆一职，简称直史。

原，第二年四月，父亲苏洵又与世长辞。不到一年，痛失两位至亲之人，苏轼内心的悲伤可想而知。

在苏辙的陪伴下，苏轼护送父亲和妻子的灵柩回眉州安葬。故乡风物清美依旧，但在苏轼眼中却有些苍凉。母亲离开以后，这个家就显得空荡了许多，如今又少了两个人。

熙宁元年（1068），因为年幼的苏迈无人照顾，守孝期满的苏轼续娶了二十一岁的王闰之。王闰之是王弗的堂妹，眉州青神人。她身上虽少了些书卷气，但柔顺活泼、聪明干练又体贴周到，对苏迈视若己出。虽心底仍不能忘怀王弗，但苏轼选择面对现实，努力去呵护与王闰之的感情，很快再度拥有了和美的家庭。

丧服已除，继室已娶，苏轼和苏辙离开眉州赶往京城。如果苏轼知道这将是他最后一次看见家乡的山水，如果他知道自己将要面对的是什么，他会不会选择留下来，去实现多年前心底那个归隐山林的梦？

然而，人生不能未卜先知，人生也没有如果，这条漫长又短暂的单行道上，处处峰回路转、花明柳暗。此时的苏轼，满身才华还未完全放射光华，致君尧舜的最高理想还未实现，他只能坚定向前。

大自然是最好的庙宇

　　苏轼回到京城，朝廷已换了面貌。宋英宗在位仅四年便病逝，新即位的宋神宗年仅二十岁，却雄心万丈，他和王安石意欲变法图强、革除旧弊。

　　熙宁元年（1068）十二月，苏轼从眉州服丧期满回朝后，仍任直史馆。熙宁二年（1069）二月，神宗任王安石为参知政事[①]，"熙宁变法"正式开始。个性急躁、执拗的王安石推行的变法，有如疾风骤雨，遭到了一批大臣的强烈反对，朝廷自此分为新旧两党，党争之祸迁延不断。

　　苏轼站到了旧党之列，他认为变法太过急于求成，且有

---

① 参知政事，简称"参政"，中国古代官职名，是唐宋时期最高政务长官之一，与同平章事、枢密使、枢密副使合称"宰执"，实质上就是副宰相。

些方面不够合理，因此一遍遍上疏神宗表示反对，甚至当面向皇上提意见，但这丝毫未能动摇神宗变法的决心。

苏轼的言论在朝中具有相当大的影响力，这让王安石非常恼火。这位头脑清醒、实干亲民的"拗相公"，成为改革家之后更加一意孤行，他两次阻止神宗复用苏轼。变法派中其他居心不良之人，趁机对苏轼实施排挤打压。熙宁三年（1070）五月，谢景温上奏神宗，诬告苏轼在送父亲归葬四川时用官船贩卖私货，朝廷派出六路兵马严查，闹得沸沸扬扬，结果查无实据，只好不了了之。

站在新政对立面的苏轼，在朝中的处境可想而知。幸而文同恰在此时回京，与苏轼同朝为官。分别七年的两位知己再度重逢，自然往来甚密。在文同面前，苏轼可以毫无顾忌地坦露最真实的自己，文同亦然。五十五岁的文同，在三十七岁的苏轼面前，却像一个狂态百出的少年。他们哄然大笑有之，寂寞对坐亦有之。文同理解苏轼偶尔的沉默，他劝苏轼像自己一样，不谈政治，不论时事，只醉心于诗画。但苏轼做不到。文同擅长画竹，也知道苏轼最爱竹。他觉得，自己这位年轻的朋友就是竹，刚直劲挺，不惧风欺雪压。

苏轼终于决定离开京城，请求外放，后被任命为杭州通判①。京城逼仄，但天下辽远，何处不可安放身心？在此前后，欧阳修、司马光、张方平、范镇等人也纷纷离京，朝堂成了新党把持的天下。

熙宁四年（1071）七月，苏轼奔赴杭州。在距京城东南三百余里的陈州（今河南周口市淮阳区），苏轼停了下来，他在那里见到了前一年上任的陈州知州张方平，以及在张方平手下任陈州教授②的弟弟苏辙。

彼时，苏迈已是十三岁的少年，闰之于前一年生下一子，取名苏迨，苏辙也有了好几个孩子。两家人在一起，孩子们打闹嬉戏，大人们闲坐倾谈，苏轼顿觉时光安暖、万物可亲。

在陈州度过的七十多天里，与苏辙、张方平的优游宴饮，令苏轼忘却了仕途纷扰。张方平酒量很大，号称百杯不倒，苏轼并不以此自惭，承认自己酒量不如人："你们这种海量，喝百杯才醉，我喝一杯就醉，不是和你们享受到同样的快乐了吗？"这就是苏轼，他永远那么自信，他知道自己的好，也知道自己的不足，但他从不自我贬低、自我否定，他坦然接纳真实的自我，并总有自解之法。

---

① 通判，官名，宋太祖赵匡胤设，由皇帝亲自任命，可视作知州的副手，但对知州的工作有监察之权，可直接向皇上禀报各州事务。
② 北宋初设置的一种学官的官称、职衔，主要负责教学事务。

在陈州，苏轼经由苏辙结识了一个叫张耒的青年，后来张耒经苏轼举荐考中举人、进士，成为"苏门四学士"之一。

转眼中秋已过，到了九月，苏轼必须得启程了。依依不舍的苏辙，一直将兄长送到了颍州（今安徽阜阳），他们一起去看望了退官闲居在此的欧阳修。

欧阳修带他们去游颍州西湖。彼时，湖面碧波粼粼，湖岸草木挂着新霜，秋花开得一片绚烂。年已六旬的欧阳修，须发似雪，气色光润，看向西湖的眼神充满了温柔——因为爱着西湖，曾经的一代文坛盟主、朝廷重臣欧阳修选择终老颍州。

在颍州逗留半个多月后，苏轼告别恩师和胞弟，到达杭州时已是十一月二十八日。北宋杭州州府的官邸在凤凰山上，旁有吴山，南有钱塘江，北有西湖，苏轼的住所靠北，抬眼便可览西湖胜景。

到杭州的第三天，苏轼来到了西湖孤山寻访惠勤。惠勤是当时著名的诗僧，早年游历京城时与欧阳修相识。前一阵在颍州相会时，欧阳修将惠勤介绍给苏轼，希望他们能成为好友。苏轼与惠勤一见如故，同时他还认识了惠思，这使初来乍到的他感到温暖和安慰。

其实，初到杭州的苏轼并不寂寞，因才高名盛，许多人怀着仰慕与好奇之心，不断邀他赴宴聚饮，加之宋代官场盛行饮酒之风，杭州又是著名的酒都，宴饮就来得更为频繁。苏轼本不喜虚应客套，为此更是疲于奔命、不胜其烦，他将这种终日为酒食应酬而奔忙的痛苦境地称为"酒食地狱"。

酒食应酬的烦恼其实也不算什么，工作中还有更痛苦的事。

作为通判，苏轼不仅要辅助、监察知州的工作，还要负责审讯案件，过年也不能休息。初到杭州的除夕之夜，苏轼照例往狱中提点犯人。这些人中很多都是种田和经商的良民，因为还不起青苗贷，稀里糊涂入了监狱，过年也不能回家。这正是王安石推行新法的弊病之一。他们不过为了谋生，何罪之有？苏轼很痛心，新法被朝中一些利欲小人当成博取上位的武器，离神宗和王安石的初衷越来越远，然而皇帝和宰相听不得不同的意见，朝政的大力改革压覆住了多少底层民众悲怆的呐喊。苏轼感觉自己和这些老百姓一样可怜，不能为民造福，只能靠着这卑微的官职混口饭吃。他当即在监狱的墙壁上题诗："我亦恋薄禄，因循失归休。不须论贤愚，均是为食谋……"

苏轼不顾同事反对，执意请求知州沈立放犯人回家过年。沈立也是个反对变法、体恤民情的好官，立即表示同意。苏轼很开心，他顾不上回家，便马不停蹄赶往各处牢狱，清点出三百七十多名轻犯，让他们立过字据之后回家过年，到元宵节过后再返回狱中。那些重罪囚犯，则供给酒食，让他们初一到初五都有肉吃，并严禁狱吏鞭打。

在目前的职位上，苏轼尽最大努力也只能做到这些。想到自己曾经"致君尧舜"的宏伟理想，苏轼不禁心情黯然，他写诗给苏辙说："眼看时事力难胜，贪恋君恩退未能。迟钝终须投劾去，使君何日换聋丞。"[1]新法事繁，处境艰难，苏轼之所以没有弃官退隐，是因为还念着回报君恩，不肯轻易放弃济世的理想。

终日苦恼郁闷毕竟不是苏轼的风格，他开始向大自然敞开身心，寻求疗愈。

"昨日出东城，试探春情。墙头红杏暗如倾。槛内群芳芽未吐，早已回春。　　绮陌敛香尘，雪霁前村。东君用意不辞辛。料想春光先到处，吹绽梅英。"这首《浪淘沙》，写于熙宁五年（1072）初春，是苏轼踏青游春之后所作。

杭州城太美，以至于词人到东城外的探春变得小心翼翼。墙上红杏悄悄探头，园内花木新芽待萌，春的讯息早已来临。春雪初晴，踏春女子所经之处，残存着带香气的足迹。春神真是用心良苦，她将最早的春光，暗藏在绽放的梅

---

① 苏轼到杭州后，曾写了《初到杭州寄子由二绝》，这是写给苏辙的其中一首诗。

花里。

词本是歌宴酒席上供歌女演唱的歌词，后脱离音乐成为一种独立的文学形式。自晚唐五代起，文人开始写词，但多为抒写相思与爱情的绮艳之词。南唐后主李煜亡国后在词中书写了沉痛的人生体悟，之后，很多人的词作开始有了风格变化，欧阳修即是其中之一。政治上失意后，欧阳修借游赏山水美景来排遣心中的不平，并将这种郁郁之气消融于词作中。

此前，苏轼对政治怀着热望，所思所感都习惯用诗文表达。到杭州后，他开始更多地关注自己的内心，加之杭州美丽风雅，歌宴酒席频频，文人诗词酬唱不断，苏轼与词及词人的接触多了起来，他对词的喜爱更甚，创造力也得到激发。他发现，相比诗，词显得更为私密、体贴、灵活，更适于表达人内心深处幽微复杂的情感与心绪，于是开始大量填词。

这首《浪淘沙》是苏轼的早期作品，从中可以看出他受欧阳修影响，开始在词中表现出一种遣玩山水的意趣，借此来消解郁闷的心情。只是那时的他还不习惯写词，写得最多的还是诗。

六月二十七日，苏轼来到西湖畔昭庆寺前的望湖楼饮酒观景，却不想天气骤变，一场急雨突如其来，片刻又雨霁天晴。借着酒意，苏轼写下了这一场豪雨奇观："黑云翻墨未遮山，白雨跳珠乱入船……"读之，仿佛眼前正在展开一幅动态画面：黑云翻滚如墨，青山隐现，白雨如珠，倾泻跳动，忽而一阵风过，雨停风住，湖面平静如天空。色彩的对比、光线的变化、动静的交错，一切统一于自然大开大合的手笔之下，也体现了诗人开阔豪迈的胸襟，气势雄壮不凡，历来为人称道。

趁着酒意，苏轼又一口气写下了四首绝句，与前一首诗合称为《六月二十七日望湖楼醉书》，将杭州西湖之美景、美物、美食一网打尽。

其一

黑云翻墨未遮山，白雨跳珠乱入船。

卷地风来忽吹散，望湖楼下水如天。

其二

放生鱼鳖逐人来，无主荷花到处开。

水枕能令山俯仰，风船解与月徘徊。

其三

乌菱白芡不论钱，乱系青菰裹绿盘。

忽忆尝新会灵观，滞留江海得加餐。

其四

献花游女木兰桡，细雨斜风湿翠翘。

无限芳洲生杜若，吴儿不识楚辞招。

其五

未成小隐聊中隐，可得长闲胜暂闲。

我本无家更安往，故乡无此好湖山。

　　身处其中，苏轼才明白杭州为何会被称为"人间天堂""东南第一州"——此处湖山绝美，移步是景，古迹遍布，触目成诗，物产丰饶又人情和美。杭州的独特气质，正与自己内心契合，似乎自己前世就生在杭州，一切都似曾相识。在他心里，杭州是第二故乡，既然归隐林泉的愿望不能实现，就在"天堂"的山水间修行吧——大自然就是最好的庙宇。

　　诗里杭州，总是惊眸，无数风景进入了苏轼的文字中，成为主角，就连常常能够见到的西湖，苏轼也总是看不够。西湖的四季晴雨、晨昏明暗，各有其美。美是催生诗歌的沃壤，苏轼的艺术创造力被空前激发，写给杭州和西湖的诗便也源源不断，状如井喷。

水光潋滟晴方好，山色空蒙雨亦奇。

欲把西湖比西子，淡妆浓抹总相宜。

这首《饮湖上初晴后雨》在史上无数吟咏西湖的诗作中，独得西湖神韵，可谓"前无古人，后无来者"，西湖好似西施的独创性比喻，也让西湖从此有了"西子湖"的别名。

弱德之美

　　熙宁五年（1072）对于苏轼来说，悲欣交集。

　　悲伤的是，这年七月，六十六岁的欧阳修病逝于颍州，上次一别，竟是永别！苏轼哀痛不已，但因公务在身，无法前去吊唁，便同惠勤、惠思在孤山设灵堂遥祭，含泪写下《祭欧阳文忠公》。

　　欣喜的是，这年五月，在沈立离任之后，苏轼迎来了新的上司陈襄①，也就在这一年，他有了第三个儿子苏过。

　　新任杭州太守陈襄比苏轼大二十岁，却与苏轼非常投缘，两人虽为上下级，却形同忘年密友。他们都反对新法，

---

① 陈襄：字述古，福建福州人，二十五岁中进士，北宋著名理学家，仁宗、神宗时期名臣。

敬重彼此的品性，在公务中配合默契，公务之余便相偕游山玩水，相互唱和。

但其实，在他们的生活中，风雅只是点缀。

秋天里，苏轼和陈襄到杭州民间走访，得知六井年久失修，民众饮水困难。杭州靠海，地下水咸涩难饮，唐朝李泌任杭州刺史时，修建六口大井，引蓄西湖淡水，解决了杭州人民的饮水问题。之后，大诗人白居易在杭州为官时曾主持修复六井，现在时隔多年，六井管道多有磨损、淤堵，亟须再次修复。

陈襄当即郑重承诺：有我陈襄在杭州一天，大家就不愁水吃！苏轼协助陈襄，找来四个有经验的僧人主持修井，不久即大功告成，清澈甘甜的西湖淡水顺畅地流到六井，民众奔走相庆。

除了自己本身的通判工作，苏轼有时也会接受朝廷指派的临时任务。这年十一月，他被抽调到杭州仁和县汤村镇（今杭州余杭乔司镇），监督运盐河的开凿。千余名劳工抛下自家的生活，像牲畜一样被驱赶着，艰辛劳作，大雨天也不能停。苏轼冒雨在泥泞中履行监工职责，疲惫不堪，悲哀袭上心头——不是为自己，而是为这些受徭役之苦的普通民众。

在杭州任通判期间，他见过太多民间疾苦，却无力解救民众于水火之中。反对有弊端的新法，却不得不执行。眼见老百姓受徭役之苦，却还要监督他们做工。他做不到像司马相如那样只做官、不干事，也做不到像陶渊明那样坚定归隐，他只想为劳苦大众做些实事，对国家有所贡献。但眼前奉命所行之事，有多少是符合自己心愿的呢？内心的痛苦无处诉说，他只有写进诗里。但是这些诗，却为他的未来埋下了隐患。

运盐河督造完成，苏轼又接到一项任务——督管由沈括主持的湖州（今浙江湖州）改建堤岸的工程。这项工作同样令他疲惫不堪，内心痛苦，不过这次工作经历让他开始注意到水利的重要性，也算是有所获益。

忙忙碌碌中，一年已尽。熙宁六年（1073）二月，苏轼到杭州属县富阳和新城去巡察。在这里，他见到了新城县令晁端友的儿子——二十岁出头的晁补之，这个年轻人后来成了"苏门四学士"之一。

当船从新城经由富春江返回杭州时，苏轼看到了位于桐庐的严子陵钓台。作为史上著名隐士，严子陵的潇洒让苏轼心向往之，桐庐与富春江的山水又令他沉醉，于是他写下了这首《行香子·过七里濑》："一叶舟轻，双桨鸿惊。水天清影湛波平。鱼翻藻鉴，鹭点烟汀。过沙溪急，霜溪冷，月溪明。　　重重似画，曲曲如屏。算当年虚老严陵。君臣一梦，今古空名。但远山长，云山乱，晓山青。"

苏轼此时的词作，已显出清雅脱俗的独特性。比如在上面这首词中，苏轼以神来之笔描摹美景，同时又融入自己的人生感悟：轻舟荡漾，水天一色，鱼鹭相呼，霜月照溪，在这画屏一般的美景中，当年的严子陵力拒刘秀为官的邀请，隐居在此，如今这些悠悠往事都已随富春江水消逝于时间的长河，只余后世空名。

出世还是入世，做官还是归隐，苏轼一直在心里纠结。人生，难道真要时时处处不知如何是好吗？这样幽微深沉的思绪，苏轼只埋在心底，他还未能实现"致君尧舜，为民造福"的理想，自不会消沉。他以自己的智慧，尽己所能，在为官、为民与个人生活之间做着最佳的平衡。

八月，苏轼又到杭州属县於潜（今杭州市临安区於潜镇）巡察，他来到於潜县城东南的金鹅山上。在寂照寺，寺僧慧觉带苏轼参观寺院，在一个名叫"绿筠轩"的院落里，苏轼看到了满院翠竹。

苏轼最爱竹，这丛竹让他想起故乡的家，想起东晋"竹痴"王子猷，再看眼前脱离于喧嚣之外的寂照寺，仙风道骨的慧觉，这样超凡脱俗的境界，正与竹的气质相合。他随即写下《於潜僧绿筠轩》一诗："宁可食无肉，不可居无竹。无肉令人瘦，无竹令人俗。人瘦尚可肥，士俗不可医。

旁人笑此言，似高还似痴。若对此君仍大嚼，世间那有扬州鹤？"

苏轼深爱世俗生活，深爱美食，但更爱竹所代表的精神上的高洁。人生在世，总要有一些超越柴米油盐的品相，与心灵的丰盈相比，物欲之欢不值一提。竹是花木中的君子，雅可入诗入画，俗可饱腹器用，刚直却不易折断，它的中空不只象征虚心，还意味着心灵的辽阔，可容纳世间一切好与不好。纵观苏轼一生，他正是名副其实的竹君。

金秋十月，沈括奉命视察两浙，见常州（今江苏常州）、润州（今江苏镇江）遭遇旱灾，上报朝廷。十一月，苏轼接到命令，启程去常、润二州赈灾放粮。赈灾工作忙碌辛苦，但苏轼内心欢喜——他的悲欢与民众相通。

转眼到了除夕，苏轼放粮归来，见常州城内家家户户都在喜庆团圆，他不忍心惊动民众，便将船停在常州城外运河上，在船上独自度过了除夕之夜。天气很冷，半夜苏轼被冻醒，四周一片寂静，只有一盏残灯相伴。他后来在诗里这样描写当时的情境与感受："多谢残灯不嫌客，孤舟一夜许相依。"

赈灾工作还在继续，苏轼一到宜兴，就立刻迷上了这个地方。宜兴古称阳羡，是典型的鱼米之乡，山水秀美，环境清幽，物产丰富，就像现实版陶渊明笔下的世外桃源。

当年进士及第，在皇帝所设的琼林宴上，苏轼认识了一位名叫蒋之奇的同科进士。两人闲聊，蒋之奇说起自己的家乡宜兴，苏轼当时就觉得那是天下少有的宜居之地，非常神往。如今一见，才知蒋之奇所言不虚。他忽然动念，想要在宜兴买地建房，将来在此退休养老。在寄给陈襄的诗里，他还提到，到时一定请陈襄来做客。

苏轼与陈襄的感情非同一般，在分别的日子里，他们常常互寄诗词，诉说心情，表达思念。当苏轼终于结束赈灾工作回到杭州时，已是熙宁七年（1074）六月。听说执政五年多的王安石已离开丞相之位，而陈襄即将与应天知府杨绘对调。此一别，不知今生还能不能相见，陈襄离开前，苏轼写了多首送别词，其中包括在有美堂为陈襄写下的《虞美人·有美堂赠述古》一词：

湖山信是东南美，一望弥千里。使君能得几回来？便使樽前醉倒更徘徊。

沙河塘里灯初上，水调谁家唱？夜阑风静欲归时，惟有一江明月碧琉璃。

在任杭州通判的三年中，苏轼共写了五十五首词，而在熙宁七年一年中，就写了四十多首。叶嘉莹先生说，词用曲笔写难言之痛具有"弱德之美"，正如中国传统文人一样，是在外界强压之下的承受、坚持并自我完成。苏轼在这一时期转而创作大量的词，正是将生命中的挫折不平，升华为弱德之美的开始。

七月，杨绘到任，他与苏轼相处融洽，两人亦有不少诗词唱和。《东坡乐府》中记载了很多苏轼与杨绘唱和的词作，比如《南乡子·和杨元素时移守密州》。

> 东武望余杭，云海天涯两渺茫。何日功成名遂了，还乡，醉笑陪公三万场。
>
> 不用诉离觞，痛饮从来别有肠。今夜送归灯火冷，河塘，堕泪羊公却姓杨。

只可惜苏轼与杨绘只共事了两个多月。九月，苏轼在杭州任期已满，他申请调往山东，以便与当时在济南任职的苏辙近一些，朝廷准奏，任命他为密州（今山东诸城）太守。

九月二十日，苏轼前往西湖南北两山，向僧道友人辞行。在杭州期间，他结识了很多僧道朋友，这些超脱于尘世的朋友的睿智、通透、淡泊、平静，是他在灼心的现实中的清凉散和镇静剂。此行也是他与西湖的告别。

　　之后，苏轼带着王闰之和三个儿子乘船离开杭州，此年进入苏家的十二岁小丫头朝云，也随他们一起。别了，西湖！别了，杭州！此生可有幸与这"人间天堂"再续前缘？

密州话超然

密州给苏轼的第一印象，与杭州截然不同。且不说北方冬季的寒山瘦水无法与烟雨江南相比，就连农田里的风景也殊然不同——原来这里正闹蝗灾。成群结队的蝗虫，像一片黑云掠过田野，看得人心惊。如此田园，怎能有丰饶景象？百姓怎可安居乐业？

熙宁七年（1074）十二月初三，苏轼到达密州。任职密州期间，苏轼带领民众一直坚持着与三大灾难——蝗灾、旱灾、匪灾的艰难抗战。

密州本就少水，又常遇干旱，旱灾引起蝗灾，民不聊生，继而抢劫、盗窃又酿成匪灾，再加上新法苛政，让这片本就贫瘠的土地，苦难更加深重。苏轼永远忘不了满地弃婴的人间惨象，他强忍着内心撕裂般的痛楚，与同僚捡拾果瓜似的收救弃婴，想尽办法筹集资金收养这些可怜的孩子。

与杭州通判相比，密州太守职位更高，但因地方贫困，苏轼的生活却变得窘迫，甚至可以说是寒酸。一向喜好宴请朋友的他，却连节日待客之酒也拿不出来，平日用度可想而知。他还常常和通判刘庭式到处寻找废弃的园子采杞菊吃，一来可解物质匮乏之困，二来也有益养生。

朝政依然令人担忧。王安石被罢相，换作吕惠卿、韩绛等小人执政，这些人人品、能力都无法与王安石相提并论。朝中一片群魔乱舞之象，国家的未来该将如何？

因为公务繁重、物质匮乏、心情压抑，苏轼的身体也不佳，刚到不惑之年的他，这一时期的诗文中常出现"老""病""白发""衰鬓"之类的字眼。转眼到了熙宁八年（1075），上元节（正月十五）这一天，适逢佳节，苏轼想起往日在杭州度过的美好时光，不禁无限怀恋，遂写下《蝶恋花·密州上元》一词。

灯火钱塘三五夜，明月如霜，照见人如画。帐底吹笙香吐麝，更无一点尘随马。

寂寞山城人老也！击鼓吹箫，却入农桑社。火冷灯稀霜露下，昏昏雪意云垂野。

除了杭州，苏轼还想念家乡眉州，想念不在身边的友人和亲人，其中也包括逝去多年的王弗。

正月二十日，苏轼在梦中回到家乡，看见王弗还是青春时期的模样，正气定神闲地坐在窗下梳妆。她还能认出一身风尘、两鬓染霜的自己吗？梦境飘忽散乱，似真非真。他们互相都看见了对方，却又明白两人已阴阳相隔，只有默然彼此凝望，泪下千行。他想与她说说话，忽然，她已消失不见，只看见月夜下，他在她坟前栽种的松树已蔚然成林，包围着一座孤寂凄清的坟。

醒后，他久久沉浸在梦里。她已离去十年，不是刚刚忆起，而是从未忘记。他将这梦写成了一首词《江城子·乙卯正月二十日夜记梦》：

十年生死两茫茫。不思量，自难忘。千里孤坟，无处话凄凉。纵使相逢应不识，尘满面，鬓如霜。

夜来幽梦忽还乡。小轩窗，正梳妆。相顾无言，惟有泪千行。料得年年肠断处，明月夜，短松冈。

在苏轼之前，从未有人在词中悲悼亡人，此词一出，感动千古。这首词被誉为历代悼亡词之冠，不只在于其虚实相生、时空交错的艺术手法，更在于用最平易浅白的语言，道出了最深挚醇浓的真情。闰之和王弗，属于他生命中的不同时空，都是他的至爱。

和王弗一样，闰之也无条件地守护、支持着苏轼，做他最坚强的后盾。一天，身心俱疲的苏轼回到家，三岁的苏过缠着父亲，要父亲陪他玩，苏轼心烦意乱，忍不住大声呵斥。苏过大哭，闰之闻声赶到，她将孩子带到一旁，柔声对苏轼说："你呀，也像个两三岁的孩子一样傻，为何要这么愁眉苦脸，不如去喝酒吧！"苏轼的消极情绪瞬间消散无踪。

春夏之交，干旱持续。苏轼听说城南二十里的常山庙神颇为灵验，便从四月开始到年尾，五次至常山祈雨。十月的一天，苏轼到常山祭祀庙神之后，在回程路上到铁沟狩猎，民众闻讯倾城出动，围观这场盛事。

苏轼穿着官服，带着猎狗、猎鹰，引领猎队风一般掠过猎场。因为刚刚饮过酒，在微微的醉意之下，苏轼恍惚成了豪气干云的少年，像当年孙权骑马射虎一样，他纵马于猎场之上，一箭一箭，射出的是内心滚烫的热情与积愤！他浑身充满了力量，也变得自信无比。此时的他，深信只要朝廷还愿意像汉文帝对冯唐那样，重新信任他、重用他，他便会立刻去战场上奋勇杀敌，抛头颅、洒热血也在所不惜。

事后，苏轼回味那次猎事，写下《江城子·密州出猎》一词：

老夫聊发少年狂，左牵黄，右擎苍，锦帽貂裘，千骑卷平冈。为报倾城随太守，亲射虎，看孙郎。

酒酣胸胆尚开张。鬓微霜，又何妨！持节云中，何日遣冯唐？会挽雕弓如满月，西北望，射天狼。

写完后，苏轼也自觉此词别是一家——一般的词作，适合美丽女子柔声轻唱，而这首词，苏轼打算让壮士们拍手顿足，打着节拍来唱，伴奏则用笛声加鼓声。这首词，题材、内容都属首创，以恢宏豪迈的气象、铿锵有力的音韵以及包含其中的深沉爱国情怀，成为中国文学史上豪放词的开山之作。

忙碌的日子过得很快，转眼苏轼到任密州将近一年。在他的努力之下，密州的旱灾、蝗灾得到了很大的缓解，盗窃抢劫之事也渐少，苏轼的心态也发生了很大的变化，从最初的焦虑、迷茫开始转向超然、平和。他认真审视现实、反思过往，开始懂得"人生所遇无不可"，要保持一颗"常随缘"的心。这是儒释道三种文化在他心中交融碰撞的结果，也是他超越自我的结果。

密州城北有一废旧城台，地势高耸，视野开阔。苏轼将此台整修为冬暖夏凉的绝佳观景台，闲暇时便在台上宴客，人坐台上，胸怀也变得敞亮了。

苏轼将此事写信告诉苏辙，苏辙见哥哥无论在何种境况之下都能自得其乐，知道他最近一直在重读庄子，因此能够超然物外，于是为此台取名"超然台"，又写下一篇《超然台赋》。

年少时，苏轼读庄子，引为知音。时隔多年，接触到真实的社会，经历过世间风雨，再次与庄子重逢，他才真正读懂了庄子，他才豁然顿悟，在广阔的时空中，个人际遇微不足道，精神的自由与独立才是生命最高价值的体现。为了纪念超然台与自己的心路历程，这年十一月，苏轼写下了《超然台记》。

倏忽又是一年，熙宁九年（1076）中秋，月圆人圆，苏轼无比思念弟弟。那时，苏辙已转调南京（今河南商丘）任著作佐郎①。分别几年，想见一面却如此之难。一场酣畅淋漓的醉饮之后，苏轼又一首绝妙好词横空出世：

明月几时有？把酒问青天。不知天上宫阙，今夕是何年。我欲乘风归去，又恐琼楼玉宇，高处不胜寒。起舞弄清影，何似在人间。

转朱阁，低绮户，照无眠。不应有恨，何事长向别时

① 著作佐郎为著作郎的副职，掌修国史，与著作郎同属中书省。

圆。人有悲欢离合，月有阴晴圆缺，此事古难全。但愿人长久，千里共婵娟。

这首《水调歌头》，是苏轼送给苏辙的中秋礼物，也是送给密州的最后礼物。九月，他接到命令，调任河中府（今山西永济县蒲州镇）知府。苏轼十二月离开密州，熙宁十年（1077）二月来到汴京城外，不料朝廷不许其入城，无奈只得住在范镇的东园。

虽觉奇怪，但苏轼并未多想，随后在赶赴河中府途中，苏轼接到朝廷诏令，他被改任为徐州（今江苏徐州）太守。

令苏轼猝不及防的是，他四月二十一日到任，八月二十一日徐州就遭遇了特大洪灾。苏轼在城上搭帐篷住下，亲自坐镇一线指挥抗洪。他一面派人修筑护城长堤，一面调集人力疏浚下游河道，加固城墙。人手不够，苏轼冒着被治罪的风险，请禁军参与抗洪。经过不懈努力，十月十五日，黄河水流入故道，洪水慢慢退去。被大水包围了四十五天的徐州城彻底解除危机，得以保全。

为长远考虑，苏轼奏请朝廷拨款为徐州修筑了木质堤防，这座城因此有了持久的安全屏障。为纪念抗洪，苏轼在徐州东门城墙上兴建了一座十丈高楼，按"五行"之说，黄色为土，土克水，取名"黄楼"。

元丰元年（1078）二月，黄庭坚将自己写的两首诗寄给苏轼，苏、黄正式订交。这年四月，秦观进京应举，路过徐州，首次慕名拜访苏轼。至此，"苏门四学士"均已出现，他们的命运开始与苏轼紧密相连。

　　就在这一年，苏轼经秦观引见，与诗僧参寥相识，又得了长孙苏箪。他在杭州所写的诗，也已刊刻印行，广为流传。那时的他并不知道，一个在政治深海里蹚走的诗人，如果才过高、名过盛、性过直，诗也许会成为原罪。现在的他，只是触摸到一些人生真相，离真正看清，尚有距离。

雪压：劫余的蜕变

　　什么是幸运？什么又是不幸？从"乌台诗案"中逃过一劫的苏轼，从朝堂高官变成了僻野农夫。黄州于苏轼来说，是命运的分水岭，也是精神的炼丹炉。他的身体坠落在尘埃和泥泞中，在现实的物质世界中艰难求生，但他的灵魂却借由劫难完成了全新的蜕变。浴火成诗，涅槃飞升，心挣脱身之束缚，在云天遨游，看到的自是不一样的人生风景。可以说，没有贬谪黄州的经历，苏轼就不可能成为他自己。

磨盘上的蚂蚁与风中的羽毛

在徐州任职一年十个月之后，苏轼调任湖州太守。

元丰二年（1079）四月二十日到湖州任后，苏轼按惯例写下《湖州谢上表》一文①，内容无非是表达自谦、感念皇恩之意。

很快，这篇表传至朝廷，令那些视苏轼为眼中钉的新党小人眼前一亮。他们早就对苏轼妒忌得要死，极度担心他得到皇帝重用，对自己不利，遂决定联手弹劾苏轼。李定、舒亶、何正臣上奏神宗，说苏轼讽刺朝政、诋毁新法、蔑视皇权，罪当斩首，还拿出《湖州谢上表》及苏轼刊行的三卷诗集，摘取其中一些字句，断章取义作为证据，很多新党中人

---

① 古代臣子每任新职时，都要写一封给君主表达感谢的奏章，称为"谢表"。

见状也纷纷附议。

苏轼的诗文中确有讽喻之词，但那是对朝廷忠诚的谏言，他的本意是让民众多一些福气，国家少一些过失，没想到却成了被打压的借口。那些人为给苏轼罗织罪名，无所不用其极。神宗起初不以为然，最后禁不住这些人巧舌如簧、不停上奏，终于决定将苏轼下狱。

驸马王诜与苏轼交情深厚，火速派人密报苏辙。苏辙当时在南京（今河南商丘）任职，又派人飞速赶往湖州报告苏轼。当时，朝廷派去逮捕苏轼的官员皇甫遵，正疾驰在前往湖州途中。

这是一场速度的较量。幸运的是，皇甫遵因随行的儿子生病，在途中耽搁半日，苏辙的人由此争取了时间，先一步将消息带给了苏轼。

虽已知获罪，但当皇甫遵带着狱卒，于七月二十八日杀气腾腾到达湖州时，苏轼还是怕得不敢出门。后在助手祖无颇的相劝之下，苏轼才决定出门接旨，却又一时六神无主，不知该不该穿官服。终于与皇甫遵面对面了，苏轼试探着问，自己是不是将被赐死，听到皇甫遵回答"不至如此"，才稍稍放了心。

被押解出门时，闰之哭得难以自持，苏轼这时却异常镇静，他笑着对妻子说："你为什么不像杨处士的妻子一样，作一首诗送我上路呢？"

苏轼曾给闰之讲过一个典故：宋真宗东封泰山时，曾寻访到隐士杨朴，想让他在朝中做官，便问杨朴会不会作诗，杨朴故意说不会。宋真宗又问临行有人送诗没有，杨朴说妻子送了一首诗道："更休落魄贪杯酒，亦莫猖狂爱咏诗。今日捉将官里去，这回断送老头皮。"宋真宗听后大笑，知道杨朴不愿做官，就放他回家了。

这个人到了这种时候还有心情开玩笑，真是乐观得无可救药。闰之知道苏轼这是在为自己宽心，也不禁破涕为笑。

表面上，苏轼宽慰妻子，实际上他也极度恐惧。前往京城的途中，船过扬子江，苏轼试图跳江自杀，只因狱卒监视严密，未能得逞。他的恐惧中，亦包含不堪忍受屈辱之意。离开湖州时，一路之上，民众眼见着爱民如子的堂堂太守，被凶悍的皇甫遵与狱卒像对待鸡狗一样呵斥驱赶。

自杀未成，苏轼依然做好了必死的准备。八月十八日，苏轼被关进御史台监狱。御史台植有许多柏树，上面总是栖着许多黑漆漆的乌鸦，显得阴森恐怖，因此又称为"乌台"。关押苏轼的是一间独立的牢房，极逼仄窄小，像一口幽深的古井，举手投足都会碰到潮污发霉的墙壁。

各种审讯和残酷的用刑，让苏轼觉得自己极可能不会活着走出监狱，便悄悄给苏辙写了两首绝命诗《狱中寄子由二首》，托一位狱卒送了出去。

其一

圣主如天万物春，小臣愚暗自亡身。

百年未满先偿债，十口无归更累人。

是处青山可埋骨，他年夜雨独伤神。

与君世世为兄弟，更结来生未了因。

其二

柏台霜气夜凄凄，风动琅珰月向低。

梦绕云山心似鹿，魂飞汤火命如鸡。

眼中犀角真吾子，身后牛衣愧老妻。

百岁神游定何处，桐乡知葬浙江西。

这位狱卒仁爱有礼，敬慕苏轼的人品才华，对苏轼特别照顾。在其中一首绝命诗中，苏轼写道"与君世世为兄弟，更结来生未了因"，与苏辙手足情深至此，古今罕见。在另一首绝命诗中，他写道"眼中犀角真吾子，身后牛衣愧老妻"，他放不下疼爱的儿子，愧对为他担惊受累的妻子。

事实上，苏轼在狱中几度绝望，曾经绝食以求速死，直到神宗派使者到狱中下令不许过分对待苏轼，苏轼此后才没有遭到非人对待，也因此知道神宗并不想杀他，才稍稍放下心来，不再绝食。

突然有一天，苏轼被告知第二天将被诛杀，当晚狱中来了一位神秘人物，与苏轼共度一晚。苏轼不知此人来历，酣睡如常。后来才知那人正是神宗派来试探他的，神宗见苏轼如此镇定自若，想必心中无愧，那位善良的狱卒，又拿出苏轼的两首绝命诗来，神宗便有了宽释苏轼之心。

真正的转机终于来临。元丰二年（1079）十月，太皇太后病重之际，留下遗言说不希望处死苏轼。十二月二十六日，神宗下旨，贬苏轼为水部员外郎、黄州（今湖北黄冈）团练副使，本州安置，不得签书公事^①。

走出牢房，苏轼看到院里的榆槐落光了叶子，只有竹柏依然青翠，一如他在牢中从窗隙所见。回想起在牢中的日子，他觉得那时的自己像转动的磨盘上的蚂蚁，像风中飘飞的羽毛，那种仓皇无依之感，刻骨铭心。后来，他为牢中每天望见的榆树、槐树、柏树和竹子各写了一首诗。

---

① 水部员外郎是水部郎中的副职，自唐朝后，担任员外郎的多为贬官，此为虚衔。团练副使是十等散官之一，是宋朝专门用来安置被贬官员的，为地方军事助理官员。苏轼的官职只是挂名，无权参与公事，行动还要受监管。

榆

我行汴堤上，厌见榆阴绿。

千株不盈亩，斩伐同一束。

及居幽囚中，亦复见此木。

蠹皮溜秋雨，病叶埋墙曲。

谁言霜雪苦，生意殊未足。

坐待春风至，飞英覆空屋。

槐

忆我初来时，草木向衰歇。

高槐虽经秋，晚蝉犹抱叶。

淹留未云几，离离见疏荚。

栖鸦寒不去，哀叫饥啄雪。

破巢带空枝，疏影挂残月。

岂无两翅羽，伴我此愁绝。

柏

故园多珍木，翠柏如蒲苇。

幽囚无与乐，百日看不已。

时来拾流胶，未忍践落子。

当年谁所种，少长与我齿。

仰视苍苍干，所阅固多矣。

应见李将军，胆落温御史。

竹

今日南风来，吹乱庭前竹。

低昂中音会，甲刃纷相触。

萧然风雪意，可折不可辱。

风霁竹已回，猗猗散青玉。

故山今何有，秋雨荒篱菊。

此君知健否，归扫南轩绿。

苏轼最爱的是竹。风欺雪压，竹宁可折断也不屈服。何况竹那么有韧性，并不会轻易折断。就像苏轼，他历经打击和摧折，但始终坚持自己的操守，对人世存着热望。

出狱后，苏轼才知道，为了进一步掌握他所谓的"罪证"，李定等派人到各州郡搜查，凡与自己有诗文往来的亲友都受到了牵连，闰之一气之下将他写的诗词文赋烧毁大半，除了苏辙，张方平、范镇、章惇都在为营救自己而努力……

险些命丧黄泉，还连累亲友，一切源于诗。苏轼深知自己个性直而又"刺儿"，口无遮拦，但他无法改变，总要有人承担责任，他无法纵容这世间的恶和黑暗。因而，那些人对他恨之入骨。他冰雪般的清白高洁，正显出他们的污浊低劣，这让他们觉出自己的不堪，这让他们极度不适，因而他们要置他于死地。

苏轼又想起文同。这年二月，文同病逝于陈州，得知消息，苏轼三天三夜不能入睡，泪都已流干。在苏轼刚去杭州任通判时，文同就劝他不要写诗，要像自己一样沉迷于书画，对时事闭口不言。在艺术上，苏轼受文同影响颇深，也正因为此，他成了墨竹画和文人画的开创者，书法也有相当造诣。

但苏轼不能不写诗。出狱不久，他又写下了《出狱次前韵二首》。

其一

百日归期恰及春，余年乐事最关身。
出门便旋风吹面，走马联翩鹊唕人。
却对酒杯浑是梦，试拈诗笔已如神。
此灾何必深追咎，窃禄从来岂有因。

其二

平生文字为吾累，此去声名不厌低。

塞上纵归他日马，城中不斗少年鸡。

休官彭泽贫无酒，隐几维摩病有妻。

堪笑睢阳老从事，为余投檄向江西。

写完，苏轼骂自己：你真是死性不改！

诗词已成为他生命中不可缺少的部分，成为他的一种生活方式。他写诗填词，不是为了成为诗人、词家，只是为了表达自己。现实中，他不得自由，只有在文字里，他才可以纵横驰骋，上天入地，心游八荒。用笔写字，是平生最大乐事。

宋朝最大的一次文字狱事件"乌台诗案"就此终结，苏轼劫余后的人生，即将开始。远方，一个叫黄州的地方，在等待着他。

以尘埃的方式生活

从京城去往黄州途中，苏轼在歧亭（今湖北麻城市西南）意外遇到了陈季常。此时是元丰三年（1080）正月，距他们在凤翔初识，已过去近二十年。

曾一身侠气的陈季常，经历科举失意、岁月蹉跎，如今成了隐士。他请苏轼到自己家住了五天。陈季常的家，偏僻简陋，但陈季常及其家人都自得其乐，苏轼不觉受到感染，心中的阴霾稍稍淡了一些。

到达黄州已是二月初一。作为犯过罪，只有虚衔、没有实权的贬官，苏轼自然也没有官舍，只好寄宿在定惠院。幸而定惠院的住持和黄州太守徐君猷都对苏轼甚为礼遇，让苏轼心中稍得安慰。初到黄州，劫后惊惧仍未消散，苏轼杜绝一切社交，节制饮酒，白天睡觉，夜晚外出，唯有夜色让他觉得安全、放松。

　　一个月夜，更深人静，苏轼独自走在长江边，抬头望见一弯残月挂在萧疏的梧桐树梢，又见一只鸿雁在空中盘旋，久久不曾栖落。一种巨大的孤独感包围了苏轼，他感到自己似乎就是那只孤雁，失去了家园，没有人理解陪伴，只有这一抹清冷的月光照着他，只有这片寂寞的江边沙地收容着他。但纵然孤独无依，不知何处是归宿，他也不愿违背内心，敷衍自己。

　　在这种感情激荡之中，苏轼写下一首词《卜算子·黄州定惠院寓居作》：

缺月挂疏桐，漏断人初静。时见幽人独往来，缥缈孤鸿影。惊起却回头，有恨无人省。拣尽寒枝不肯栖，寂寞沙洲冷。

　　后来，苏轼的外出活动稍多了些，但也不过是去城南的安国寺洗洗澡，上山采采药，在溪边钓钓鱼，仍是独来独往：他在刻意远离人群。

　　苏轼赴黄州时，只带了苏迈同行，其余家人自他获罪后一直由苏辙照顾。五月，苏辙带苏轼的家人抵达黄州。定惠院不能再住，后在老友朱寿昌的帮助下，苏轼在黄州官方建筑回车院内的临皋亭中安了个家。此处原为水上驿站，二十几口人居住虽十分拥挤，但总算有个家了。

因为没有俸禄，只能领到一份微薄的实物补贴①，一家人的生活只好靠以往不多的积蓄维持。为节省开支，苏轼想出了一个理财妙招，具体操作办法是：每月初取出四千五百钱，分为三十份，规定每天花费不能超过一份即一百五十钱，到月底如有结余，便用来招待客人。

其实，这时候来访的客人并不多，因为获罪，很多亲友都为自保而与苏轼疏远或断交。陈季常却不避嫌，常来黄州看望苏轼，苏轼也会去歧亭回访。且侠且隐的陈季常，于此时处于孤独苦闷中的苏轼来说，是温暖，也是力量。

日子一天天过去，眼看积蓄用尽，苏轼发起愁来，心想：要是有一片能够耕种的土地，一家人也不至于挨饿。马梦得来黄州看望苏轼时得知此事，向当地官府为苏轼申请到一块废弃的荒地。马梦得个性耿直，一直身处底层，一贫如洗，他曾开玩笑说希望依靠苏轼过上好日子，没想到，苏轼现在还要靠他帮助。

这块地位于黄州东城门外，约有五十亩，被荒草荆棘和瓦砾覆盖。元丰四年（1081）二月，苏轼带领家人动手开垦

---

① 按宋朝规定，贬官没有实际俸禄，只能拿到折算后的实物，多为官府用剩的酒袋，可以出售。苏轼在《初到黄州》一诗中写道："只惭无补丝毫事，尚费官家压酒囊。"

这片土地。仅是清除荆草和瓦砾，劳动量已是巨大，再加上缺水干旱，土地板结，垦荒的难度超出想象。

苏轼没有退缩，他根据地势做了规划，何处种何种作物，何处适合建房，一一做到心中有数。随后，这片土地给了他第一个惊喜——在焚烧枯草的过程中，家僮发现了暗井，只要有水，种地、生活就都不成问题。艰辛的垦荒劳动，从初春一直持续到深秋。这期间，除了家人，陪同苏轼劳作的，还有马梦得和苏轼在黄州结识的朋友。

凭着自己旧有的农业知识储备和当地农人的指点，苏轼终于在这片土地上种出了绿油油的麦子，后来又种了稻，还栽植了花果树和茶树。

因为要耕地，苏轼家养起了牛。一牛生病将死，兽医也诊断不出何病，闰之说："这牛是发了豆斑疮，要喂青蒿煮成的粥。"牛果然被医好了，苏轼惊讶于闰之的农学常识，欣喜地将此事写信告诉给章惇。苏轼和妻子，此时俨然一对最平凡的乡村夫妻。

耕种让最基本的生活得到满足，苏轼的文人心性又按捺不住了。当年白居易被贬任忠州（今重庆忠县）刺史时，曾在一片名为"东坡"的土地上栽花种树，写有《东坡种花二首》和《步东坡》诗。苏轼素来喜爱白居易，便将自己耕种的黄州城东的这片土地也命名为"东坡"，自称"东坡居士"，还一口气写了《东坡八首》。在这组大型诗中，每一个字都满溢着他对这片土地的深情。

东坡八首（并序）

余至黄州二年，日以困匮，故人马正卿哀余乏食，为于郡中请故营地数十亩，使得躬耕其中。地既久荒为茨棘瓦砾之场，而岁又大旱，垦辟之劳，筋力殆尽。释耒而叹，乃作是诗，自愍其勤，庶几来岁之入以忘其劳焉。

其一

废垒无人顾，颓垣满蓬蒿。

谁能捐筋力，岁晚不偿劳。

独有孤旅人，天穷无所逃。

端来拾瓦砾，岁旱土不膏。

崎岖草棘中，欲刮一寸毛。

喟焉释耒叹，我廪何时高。

其二

荒田虽浪莽，高庳各有适。

下隰种秔稌，东原莳枣栗。

江南有蜀士，桑果已许乞。

好竹不难栽，但恐鞭横逸。

仍须卜佳处，规以安我室。

家童烧枯草，走报暗井出。

一饱未敢期，瓢饮已可必。

其三

自昔有微泉，来从远岭背。

穿城过聚落，流恶壮蓬艾。

去为柯氏陂，十亩鱼虾会。

岁旱泉亦竭，枯萍黏破块。

昨夜南山云，雨到一犁外。

泫然寻故渎，知我理荒荟。

泥芹有宿根，一寸嗟独在。

雪芽何时动，春鸠行可脍。

其四

种稻清明前，乐事我能数。

毛空暗春泽，针水闻好语。

分秧及初夏，渐喜风叶举。

月明看露上，一一珠垂缕。

秋来霜穗重，颠倒相撑拄。

但闻畦陇间，蚱蜢如风雨。

新春便入甑，玉粒照筐筥。

我久食官仓，红腐等泥土。

行当知此味，口腹吾已许。

其五

良农惜地力，幸此十年荒。

桑柘未及成，一麦庶可望。

投种未逾月，覆块已苍苍。

农夫告我言，勿使苗叶昌。

君欲富饼饵，要须纵牛羊。

再拜谢苦言，得饱不敢忘。

其六

种枣期可剥，种松期可斫。

事在十年外，吾计亦已悫。

十年何足道，千载如风霭。

旧闻李衡奴，此策疑可学。

我有同舍郎，官居在灞岳。

遗我三寸甘，照座光卓荦。

百栽倘可致，当及春冰渥。

想见竹篱间，青黄垂屋角。

其七

潘子久不调，沽酒江南村。

郭生本将种，卖药西市垣。

古生亦好事，恐是押牙孙。

家有十亩竹，无时客叩门。

我穷交旧绝，三子独见存。

从我于东坡，劳饷同一餐。

可怜杜拾遗，事与朱阮论。

吾师卜子夏，四海皆弟昆。

其八

马生本穷士，从我二十年。

日夜望我贵，求分买山钱。

我今反累生，借耕辍兹田。

刮毛龟背上，何时得成毡。

可怜马生痴，至今夸我贤。

众笑终不悔，施一当获千。

此后，他是苏轼，也是人们熟知的苏东坡。

被风吹落尘埃，就以尘埃的方式生活。泥土不脏，汗水不臭，劳作是另一种修行。

来到黄州以后，苏轼渐渐喜欢上了这种生活。走在人群里，没有人认出他就是那个曾经闻名天下的苏轼，也就没有纷扰；偶尔遇上一个醉汉，他被推搡着，心里却并不懊恼；他安然接受乡邻的帮助和馈赠，也以自己的方式回报他们；他和那些没有读过书的人聊天，用最朴素的方式接近这些最真诚的心灵，哪怕听他们讲一讲鬼故事，也是莫大的乐趣……在这简单纯净的乡村世界，他渐渐得到治愈。

云泥之合

元丰五年（1082）二月，在一个大雪纷飞的日子，东坡附近一处空旷高地之上，立起了一座五间的新屋。这是苏轼自己选址、设计并建造的。他在堂屋四壁画满雪景，命名为"雪堂"，作为招待朋友之用。

夜里一场春雨，黎明迎来新晴，鸟鸣声也像沾染了春天的喜悦。站在雪堂门前，纵目四望，山川之美尽收眼底，苏轼顿觉此地可媲美陶渊明笔下的斜川①。

隔着几百年的光阴，他却觉得自己离陶渊明如此之近。寻觅追逐的人生，终究如梦如醉，只有活在当下的满足，才最真切、最珍贵。古往今来，世间多少迷醉之人，只有陶渊

---

① 陶渊明曾于东晋隆安五年（401）与友人同游庐山脚下的斜川，写下《游斜川》一诗，诗前有小序，表达了自在悠游的旷达情怀。

明堪称人间清醒……无限感慨，在苏轼笔下催生出《江城子·梦中了了醉中醒》一词。

　　陶渊明以正月五日游斜川，临流班坐，顾瞻南阜，爱曾城之独秀，乃作斜川诗，至今使人想见其处。元丰壬戌之春，余躬耕于东坡，筑雪堂居之，南抱四望亭之后丘，西控北山之微泉，慨然而叹，此亦斜川之游也。乃作长短句，以《江城子》歌之。

　　梦中了了醉中醒。只渊明，是前生。走遍人间，依旧却躬耕。昨夜东坡春雨足，乌鹊喜，报新晴。
　　雪堂西畔暗泉鸣。北山倾，小溪横。南望亭丘，孤秀耸曾城。都是斜川当日景，吾老矣，寄余龄。

　　在接地气的生活中，在与陶渊明的隔世神交中，苏轼的精神世界正在发生变化。
　　如果说之前与庄子的重逢，让他的处世哲学从"忍"到"容"，从被动地承受到主动扩大心灵容量，那么现在在黄州与陶渊明的契合，则让苏轼的心灵达到了"化"境——化苦难为喜乐，化苟且为诗意，化生活为艺术，化人生为哲学。
　　在这样的思想指引之下，境遇已无所谓好坏，活着不再是为了享受快乐、寻求意义，而只是一种内心的感受，是一种开放包容、常变常新的体验和满足。

当然，这样的变化并不是一个简单迅速的过程。当时躬耕东坡的苏轼，并非如诗中所写，过着一种悠闲的生活，现实和劳动让他备感生活之苦，以至于面对自己在灯下投射到墙上的影子，他会吃惊不已——他已不再是那个儒雅英俊的文士官员，而只是一个面目黝黑、皮肤粗糙、身形枯瘦、鬓发斑白的老农，但此时的他，不过四十六岁。

虽然苏轼极力让自己保持乐观，但有时也难免会有情绪的低谷。

这年四月初四，春寒阴雨，萧瑟如秋，海棠零落，新建的简陋小屋在风雨中如孤舟飘摇，日子仍然艰辛，看到乌鸦衔着烧残的纸钱飞过，苏轼才惊觉那日就是寒食节，想起远在故土长眠的亲人，想起自己遭贬谪的命运，心痛不能自抑，遂写下《寒食雨二首》。

其一

自我来黄州，已过三寒食。

年年欲惜春，春去不容惜。

今年又苦雨，两月秋萧瑟。

卧闻海棠花，泥污胭脂雪。

暗中偷负去，夜半真有力。

何殊病少年，病起头已白。

其二

春江欲入户，雨势来不已。

小屋如渔舟，濛濛水云里。

空庖煮寒菜，破灶烧湿苇。

那知是寒食，但见乌衔纸。

君门深九重，坟墓在万里。

也拟哭途穷，死灰吹不起。

这两首诗不算艺术精品，但诗帖本身却成为了书法精品，被后世称为"天下第三行书"，只因他将最真挚浓烈的感情融注于笔墨，在纸上完成了苍郁跌宕、淋漓真淳的心魂之舞。本无意于艺术的人，往往会成就最高的艺术。无论是诗词文赋，抑或是绘画书法，都是苏轼生命力的自然转化。

乐观的人并非没有消极情绪，只是不会让低谷中的阴郁占据主流。

三月七日，苏轼和几位朋友准备去往黄州东南的沙湖察看要买的田地。路程有三十里，一行人说说笑笑向前行进。谁知途中天气突变，雨打得人措手不及，同行的朋友都匆忙奔跑躲雨，一片狼狈，只有苏轼拄着竹杖、穿着草鞋，一边吟哦诗歌，一边步态从容地轻快前行。很快，雨过天晴，夕照落在山头，风和日丽，仿佛刚刚那场雨不曾来过。

这个日常生活小插曲，被苏轼以哲人之心眼过滤后，便成了一首启人深思的词作《定风波》：

莫听穿林打叶声，何妨吟啸且徐行。竹杖芒鞋轻胜马，谁怕？一蓑烟雨任平生。

料峭春风吹酒醒，微冷，山头斜照却相迎。回首向来萧瑟处，归去，也无风雨也无晴。

在风雨中，也能拥有晴和的心境；在冰天雪地中，也能拥有春暖花开的心境。这是一种超脱。在此时的苏轼看来，风雨与晴和，冰天雪地与春暖花开，已经没有分别。他的精神，又升华到了更高的境界。这是因为他在佛道思想之外，还得到了《周易》的滋养和支撑。

少年时，他就和苏辙在父亲的指导之下开始读《周易》。青年时步入社会，遭遇忧患，《周易》成了他精神救赎的法宝之一。二十年前，苏辙在任命中遭受不公正待遇，苏轼写诗开导他"《易》可忘忧家有师"。父亲临终前嘱托苏轼，让他继续自己未完成的遗稿，完成《易经》解读《易传》的写作。

在世人眼中，《周易》是占卜算卦的"迷信之书"，其实真正读懂的人都知道，这是一部参透了宇宙人生规律的哲学智慧宝典，只因玄奥难解，所以关注的人不多。黄州的贬谪生活，让苏轼有大把时间来研读这些古代典籍，他开始大量阅读，并着手写作《易传》和《论语说》。在输入又输出的过程中，他的心灵获得了前所未有的启悟和力量。这也就是苏轼在黄州这样一个人生低谷时期，精神世界和艺术成就却到达了巅峰的原因。

这次去沙湖，田地虽没能买成，却意外地让苏轼得到了一个思想从纸上到现实贯通的机会。自然界有阴有晴，社会人生有宠辱顺逆，整个宇宙无不处于一种转化和变动之中。所以人不应为一时境遇所拘，当你能用一种高远的眼光看待当下时，阴晴荣辱其实并无差别。

正是因为有了这样的思想铺垫，当这一年四月苏轼来到长江边的黄州赤壁游玩时，他的眼光才能穿过历史的云烟，看透人世执着的虚妄，从而为后世留下那首著名的词作《念奴娇·赤壁怀古》：

大江东去，浪淘尽，千古风流人物。故垒西边，人道是，三国周郎赤壁。乱石穿空，惊涛拍岸，卷起千堆雪。江山如画，一时多少豪杰。

遥想公瑾当年，小乔初嫁了，雄姿英发。羽扇纶巾，谈笑间，樯橹灰飞烟灭。故国神游，多情应笑我，早生华发。人生如梦，一尊还酹江月。

有人说这一片赤色的崖壁，就是当年三国战火所染①，豪杰争锋，最终也不过徒留江水悠悠、旧时月色照今人，人生终是大梦一场，何苦自伤自囚？

五月，四川道士杨世昌来访，与苏轼甚为投机，便在雪堂住下，直到一年后才离去。杨道士飘逸出尘，苏轼有他做伴，于闲暇之时怡情山水，很是惬意。

七月十六日夜，苏轼与杨道士及几位友人在赤壁下泛舟，如水月华中，他们边饮酒边吟唱《诗经》中的《月出》诗篇，杨道士吹起洞箫。本是良辰美景，箫声却盛满悲凉之感。苏轼表示疑惑，杨道士解释道，当年赤壁之战中那样伟大的英雄人物都已消逝，何况渺小如沧海一粟的凡人。在滚滚不息的长江水面前，在永恒的自然面前，人类的生命何其短暂，而自己修道以求长生又谈何容易，一念及此不免心生愁怨，深感悲哀。

———————————————

① 黄州赤壁并非当年三国赤壁之战之地，只因名称相同，常造成误会。苏轼明白这一点，所以在词中写的是"人道是，三国周郎赤壁"。

苏轼这样劝解他的朋友：人是自然的一部分，生死是自然规律，如同月的盈缺、水的流逝，是形式的转化，天地万物无时不在变化；从另一个角度来看，月盈缺了千百年，现在却仍高悬天际，水流逝了千百年，如今却仍在奔流，也可以说天地万物恒久不变，万古长存。正是有死才有生，有变才有不变，有瞬间才有永恒。自然确是永恒，当人能与自然合一，融入山水，岂不是也得到了永恒吗？且尽情享受这山间明月和江上清风吧！

苏轼这一番妙论，融合了《庄子》《周易》等典籍的哲学思想，境界已在佛道之上，令杨道士和其他友人豁然开朗。那个月夜如此畅快舒爽、令人难忘，苏轼事后将那样的场景和自己的心声记录下来，写成了千古名篇《前赤壁赋》。

壬戌之秋，七月既望，苏子与客泛舟游于赤壁之下。清风徐来，水波不兴。举酒属客，诵明月之诗，歌窈窕之章。少焉，月出于东山之上，徘徊于斗牛之间。白露横江，水光接天。纵一苇之所如，凌万顷之茫然。浩浩乎如冯虚御风，而不知其所止；飘飘乎如遗世独立，羽化而登仙。

于是饮酒乐甚，扣舷而歌之。歌曰："桂棹兮兰桨，击空明兮溯流光。渺渺兮予怀，望美人兮天一方。"客有吹洞箫者，倚歌而和之。其声呜呜然，如怨如慕，如泣如诉，余音袅袅，不绝如缕。舞幽壑之潜蛟，泣孤舟之嫠妇。

苏子愀然，正襟危坐而问客曰："何为其然也？"客曰："'月明星稀，乌鹊南飞'，此非曹孟德之诗乎？西望夏口，东望武昌，山川相缪，郁乎苍苍，此非孟德之困于周郎者乎？方其破荆州，下江陵，顺流而东也，舳舻千里，旌旗蔽空，酾酒临江，横槊赋诗，固一世之雄也，而今安在哉？况吾与子渔樵于江渚之上，侣鱼虾而友麋鹿，驾一叶之扁舟，举匏樽以相属。寄蜉蝣于天地，渺沧海之一粟。哀吾生之须臾，羡长江之无穷。挟飞仙以遨游，抱明月而长终。知不可乎骤得，托遗响于悲风。"

苏子曰："客亦知夫水与月乎？逝者如斯，而未尝往也；盈虚者如彼，而卒莫消长也。盖将自其变者而观之，则天地曾不能以一瞬；自其不变者而观之，则物与我皆无尽也，而又何羡乎！且夫天地之间，物各有主，苟非吾之所有，虽一毫而莫取。惟江上之清风，与山间之明月，耳得之而为声，目遇之而成色，取之无禁，用之不竭，是造物者之无尽藏也，而吾与子之所共适。"

客喜而笑，洗盏更酌。肴核既尽，杯盘狼籍。相与枕藉乎舟中，不知东方之既白。

真想脱开肉身的束缚，任灵魂在天地间游荡，奈何只能想想而已。

九月的一个夜晚，苏轼在东坡饮酒之后深夜归家，家童已鼾声如雷，敲门久久不应，若在以前，苏轼可能会急躁，但这时他的心境已全然不同，真正做到了"随遇而安"，有词为证："夜饮东坡醒复醉，归来仿佛三更。家童鼻息已雷鸣。敲门都不应，倚杖听江声。　长恨此身非我有，何时忘却营营。夜阑风静縠纹平。小舟从此逝，江海寄余生。"

每个人在世上总有牵绊，我们并不完全属于自己。苏轼不仅属于苏轼，还属于国君，属于妻子、儿子、亲友……向往自由的隐居生活，但遁世无为，他始终做不到。乘一叶小舟，寄身江海辽阔，也只能是心向往之。

苏轼的诗词文章，每有所作，必会流传。这首《临江仙》词流传开后，还闹了个大乌龙：人们谣传苏轼逃跑，黄州太守慌忙去苏轼家中查看，才发现是误会一场。

如果说《前赤壁赋》中，苏轼对生命的反思与对自我的超越，有着用力的深刻，那么《后赤壁赋》的诞生，则意味着这种反思与超脱渐趋自然无痕。

依旧是月夜，时序已是十月。苏轼与两位友人自雪堂回临皋亭。过黄泥坂时，霜露侵衣，仰见一轮明月与霜露交相辉映，三人便决定到赤壁游玩。一友人携带着自钓的鱼，苏轼带来了闰之专门为他收藏的酒，鲜鱼美酒，佳友在侧，秋月下的赤壁仿若仙境，苏轼不禁豪兴大发，独自登上高崖长啸，一时间山鸣谷应、水木摇荡，此境空茫似非人间，苏轼瞬间被一种巨大的悲凉和恐惧包围，他立刻回到船上。

船在江上随意漂荡。夜半时分，忽见一只孤鹤从东而西掠过他们的头顶，一声长鸣之后，消失在夜空中。那天夜晚，苏轼梦见一位道士问他："赤壁之游可还尽兴？"苏轼问其姓名，道士不答，苏轼疑惑继而恍然："难道您就是那只孤鹤？"道士笑而不答，苏轼从梦中惊醒，赶紧打开门，门外，只有一地如银的月光。

随后，苏轼将这个夜晚写进了《后赤壁赋》中。

是岁十月之望，步自雪堂，将归于临皋。二客从予过黄泥之坂。霜露既降，木叶尽脱，人影在地，仰见明月，顾而乐之，行歌相答。

已而叹曰："有客无酒，有酒无肴，月白风清，如此良夜何！"客曰："今者薄暮，举网得鱼，巨口细鳞，状如松江之鲈。顾安所得酒乎？"归而谋诸妇。妇曰："我有斗酒，藏之久矣，以待子不时之需。"

于是携酒与鱼，复游于赤壁之下。江流有声，断岸千尺；山高月小，水落石出。曾日月之几何，而江山不可复识矣。予乃摄衣而上，履巉岩，披蒙茸，踞虎豹，登虬龙，攀栖鹘之危巢，俯冯夷之幽宫。盖二客不能从焉。划然长啸，草木震动，山鸣谷应，风起水涌。予亦悄然而悲，肃然而恐，凛乎其不可留也。反而登舟，放乎中流，听其所止而休焉。时夜将半，四顾寂寥。适有孤鹤，横江东来。翅如车轮，玄裳缟衣，戛然长鸣，掠予舟而西也。

须臾客去，予亦就睡。梦一道士，羽衣蹁跹，过临皋之下，揖予而言曰："赤壁之游乐乎？"问其姓名，俯而不答。"呜呼！噫嘻！我知之矣。畴昔之夜，飞鸣而过我者，非子也耶？"道士顾笑，予亦惊寤。开户视之，不见其处。

那一夜，苏轼与孤鹤、道士，已然融为一体，这表明他的心灵已进入一个清虚通达、自由无碍的境界中。那是赤壁的馈赠和奖赏。

苏轼对赤壁情有独钟，甚至连他的生日宴都要安排在赤壁。

这一年十二月十九日，是苏轼四十七岁生日，一众友人在赤壁下设宴为他庆生。微醺之际，忽听一阵清远的笛音破空而来，随即一叶小舟飘然而至，舟上那横吹玉笛的白面书生，含笑上前行礼。

原来这书生是苏轼的粉丝，名叫李委，听闻苏轼今日在赤壁庆生，特地谱了一支笛曲《鹤南飞》作为献礼。李委吹奏起《鹤南飞》，山川草木为之动情低昂，真是"此曲只应天上有"。应众人请求，李委又吹奏了几首新曲。之后他请求苏轼为自己题诗，只见苏轼提笔写道："山头孤鹤向南飞，载我南游到九嶷。下界何人也吹笛，可怜时复犯龟兹。"

在仿若仙乐的笛声中，苏轼已忘了身在何处，他在音乐中驾鹤神游，思接千载，似已脱离泥泞的人间。然而，赤壁下的诗酒风流毕竟不是常态。现实中的苏轼，还是那个在泥土中耕种的农夫。

但是，他身在泥土，心向蓝空。人们常用"云泥之别"形容截然不同，但苏轼却能将云泥完美融于自身，在云端创作和享受艺术，在泥泞中安置和体验生活，这让本应最为痛苦艰难的黄州贬谪生涯，升华为艺术人生、人生艺术。

归去来兮

　　不觉已是元丰六年（1083），这是苏轼到黄州的第三年。春天，参寥从杭州一路山迢水遥前来看望苏轼，就住在雪堂。雪堂自从建好，一直客人不断。

　　这个春夏，苏轼断断续续病着，幸有参寥和其他友人的陪伴，让病中的苏轼才不至孤苦无聊。

　　一夜，苏轼梦见参寥写了一首诗，醒来仍记得其中两句："寒食清明都过了，石泉槐火一时新。"唐宋习俗，每年清明钻槐柳木以取新火，只是苏轼不明白，为何石泉"一时新"？问起来，参寥回答，清明有淘井的习俗，因此说泉新。他们两人并不知道，这个问题还有另一个答案，在日后，现实以一种奇妙的方式印证了梦境。

　　从春节过后到六月，因为健康状况不佳，一向喜欢游玩的苏轼长时间闭门不出，这引起了人们的好奇与猜测。四月，与苏轼同为欧阳修学生的曾巩去世，便有谣言说苏轼也在同一天去世。消息传到京城，神宗闻言大惊。消息虽未得到证实，但很多人都在说，神宗也信以为真，又愧又痛，饭也吃不下。范镇也听到了消息，悲痛欲绝。后经查证，此为谣言。

神宗自然也知道了真相，他开始思考苏轼将来的去向。

京城里发生的事，苏轼并不知晓。他现在已经完全习惯了黄州苦中作乐的生活，甚至想要在黄州度过余生。七月开始，他的身体恢复了，又开始在大自然中耕种、优游。

时序轮换，夏转秋，浅秋走向纵深。九月二十七日，朝云生下了苏轼的第四个儿子苏遁。"遁"意为逃避、隐藏。儿子的名字，照应着此时苏轼意欲隐居避世的心境。

九年过去，十二岁时在杭州进入苏家的小姑娘朝云已然长大，成了闰之照顾苏轼的得力助手。来到黄州后，为了更方便照顾苏轼，朝云的身份由苏家的侍女转变为苏轼的侍妾。朝云不仅有美丽的姿容，更有一颗玲珑剔透之心。在苏轼的影响之下，朝云也显现出在文学艺术上的天赋，尤为珍贵的是她对苏轼的那一份懂得。

一次，苏轼在家里边走边抚摸着自己的大肚皮，这是一种养生之法。他见侍女们盯着自己的肚子看，便问："你们说，这腹中藏有何物？"一个侍女说："是一肚子学问。"另一个侍女说："是一肚子诗文。"朝云说："是一肚皮不合时宜。"苏轼大笑，认为知自己者莫过于朝云。

他也深知自己不合时宜，所以才屡遭磨难。他看透了本真的、最深层的自己，却没有与那个自己决裂、对抗，而是坦然接纳，与内在自我和解共处，也因此，他的精神世界是平和宽广的，当外在自我与内在自我合二为一时，外在的压力便不能使他臣服，因而他灵魂的力量是无比巨大和有韧性的。

温暖和谐的家庭是他乐观坚强的底气之一。闰之包容贤惠，让他深为感动。三个儿子在他的教养之下，精进于学问，自律于人品，令他欣慰。对于新生的小儿子，经历过宦海浮沉的苏轼，没有望子成龙之心。

苏遁出生第三天，苏轼写下一首《洗儿》①："人皆养子望聪明，我被聪明误一生。惟愿孩儿愚且鲁，无灾无难到公卿。"敏而慧的苏轼，无法改变自己，只希望小儿子做一个生活顺遂的平凡人，愚鲁之人也自有其快乐。

当心简单而安静时，似乎只需要在日常生活中搜寻美感和趣味，人生便圆满了。苏轼便是这样，他耕种、阅读、写作、出游、交友……与友人的交游，仍是生活的重要内容。他的朋友圈不断扩大阵容，道士、僧人、画家、诗人、流浪者、无名布衣……这一年，有一个叫张怀民的人被贬黄州，

① 古时习俗，孩子出生第三天要举行"洗三朝"仪式，即给新生儿沐浴，以求福报。

寄住在承天寺，苏轼与之颇为投机。

十月十二日夜，苏轼准备睡觉时，忽见窗口流泻进一片白月光，恍如仙境。内心震撼之下，想要找一个人分享月夜的美与趣，思来想去，似只有张怀民合适。他便到承天寺找张怀民。两个人在月下漫步，寺院空庭中，月色如水铺泻，在这一片空澄明净的月光凝成的"水波"之中，摇荡飘曳着丝丝"水草"。举目四顾，才发现这"水草"不过是竹与柏树的影子。

这个美好的夜晚，被苏轼写进了《记承天寺夜游》一文中，这篇立意、情趣独绝的短文，成为后世交口称赏的千古名文。

元丰六年十月十二日夜，解衣欲睡，月色入户，欣然起行。念无与为乐者，遂至承天寺寻张怀民。怀民亦未寝，相与步于中庭。庭下如积水空明，水中藻、荇交横，盖竹柏影也。何夜无月？何处无竹柏？但少闲人如吾两人者耳。

如此静美之景并不难寻，但只有拥有自由悠闲心境之人，才能感受其中真意。人只有在这时候，才活得最像人。然而，这样的幸福，苏轼很快便要失去了。

元丰七年（1084）春天，正在和友人兴致勃勃相约寻春的苏轼，接到了神宗皇帝将他由黄州调往汝州（今河南汝州）的诏令。家人全都欢欣雀跃，苏轼却心情复杂。

汝州离京城近，条件比黄州好很多，官阶也算升迁了，这是神宗准备重新起用苏轼的信号。但苏轼舍不得黄州这片土地和土地上的人们，心底里，他已经将这里当成了故乡。留下来，像陶渊明一样隐居在此，人生将一片云淡风轻，但心里有个声音渐渐在一片混乱中清晰起来，坚定地对他说："向前走！"只要国家、君王需要他，这个世界没有抛弃他，他终究不允许自己退却。

他设宴告别邻居友人，满怀感慨地写下一首词《满庭芳》："归去来兮，吾归何处？万里家在岷峨。百年强半，来日苦无多。坐见黄州再闰，儿童尽，楚语吴歌。山中友，鸡豚社酒，相劝老东坡。　　云何？当此去，人生底事，来往如梭！待闲看秋风，洛水清波。好在堂前细柳，应念我，莫剪柔柯。仍传语，江南父老，时与晒渔蓑。"

时光如飞，人生过半，到底哪里才是归宿？黄州已然是家，孩子们已说得一口当地方言，要离舍，谈何容易！人们的惜别挽留，更令离情深重。他对他们说，不得不走，他会怀念这里的一切。他殷殷嘱托他们，好好照顾雪堂前的树，常常帮他翻晒蓑衣。他坚信有一天他还会回来。

四月，苏轼离开黄州，陈季常一直送到九江，前一年来到黄州的参寥，则一路陪他直到庐山。庐山脚下的东林寺，当年陶渊明曾常来。苏轼来到东林寺，感觉距陶渊明如此之近。他在东林寺住下，与照觉禅师彻夜倾谈之后，写下一首浸透着禅理的诗："溪声便是广长舌，山色岂非清净身。夜来八万四千偈，他日如何举似人？[1]"

陶渊明曾与东林寺的慧远大师，就形、影、神的关系问题进行辩论，后写下《形影神三首》，三首诗传达出这样的思想：生老病死乃是自然规律，长生不老是谎言。肉体会灭，但精神永存。如此，不必纠结于生死，只需不喜不悲，顺其自然，在简单的生活中寻找心中的桃花源。

苏轼在研读陶渊明的基础上，通过与照觉禅师的交流，与七百多年前的陶渊明进行了一次深入的精神对话，渐渐形成了自己独有的见解。山色溪声，佛法无处不在，只在于人是否能够领悟。

在西林寺，苏轼在壁上题下一首诗："横看成岭侧成峰，远近高低各不同。不识庐山真面目，只缘身在此山中。"这首富有哲理的诗，其实也可作为人生的注解：人之所以在人生中迷失，是因为不能跳脱出自己的认知，当你能用一种高远的眼光来看待生活时，苦与乐、生与死便不能够束缚你，使你痛苦。

在黄州的蜕变之后，苏轼此时的精神境界，又得到了一重提升。只是接下来的生活，不知会展现出一种怎样的面目。

---

① 这首禅理诗的大意是，潺潺溪声就是佛陀在说法，青青山色就是佛陀清净法身，只要用心观照、觉悟，佛理无处不在。一夜静悟，便可领受佛法无数，应该好好想想如何将这佛法传播给世人。

跌宕：空茫的伏笔

庄子笔下的大鹏，一日同风起，可扶摇直上九万里。世人皆羡大鹏飞得高远，可有人知高处不胜寒？

受高太后重用，回到朝政中心的苏轼，得到了令人艳羡的火箭式升迁。然而京师中的辉煌仕途，却涌动着灼伤人心的滚烫暗流。前程万里，也是万丈深渊。空茫之中，世间繁华，不过是一场梦，命运早就安排好了伏笔。

什么都不值得抓住，唯有守好自己的心，转身离开。离开京师朝堂，辗转杭州、颍州、扬州的苏轼，将见证宦海浮沉的极致，与此同时，埋伏着的命运开始显出清晰的轮廓。

最繁华时也最悲凉

游过庐山，去筠州（今江西高安）看望阔别五年的弟弟苏辙之后，苏轼送二十六岁的长子苏迈去德兴做县尉。之后，苏轼带家人在长江上船行两月，到达金陵（今江苏南京）。

时值六七月，暑热难熬，加上长期以船为家，逼仄潮闷，一到金陵，先是闰之病倒，接着不到十个月大的苏遁病亡。看着痛不欲生的朝云，苏轼也痛心不已，他抱着这个长相酷似自己的小婴孩，亲手埋葬了他。

经历过这么多事，苏轼以为自己真能如陶渊明一样面对生死不悲不喜，但眼见至亲离世，他才明白，生而为人，肉骨凡胎，有爱必有痛。有爱有痛的人生，总强过绝情麻木，何况无论怎样的痛，终会被时光慢慢抚平。

在金陵，苏轼见到了退隐在此的王安石，这位曾叱咤风云的宰相，如今变得苍老憔悴。两人像密友一样倾谈，此时，他们不再是官场上的政敌，苏轼是王安石欣赏的后辈，王安石是令苏轼尊敬的长者。脱开政治的枷锁，才能看清人与人之间最朴素的温情。

王安石提议苏轼在金陵买田安家，苏轼本就对汝州任职不太热心，虽当时未答应王安石，却也动了心思。他想起当年自己对宜兴的眷念。许是上苍可怜他，离开金陵后，在仪真（今江苏仪征），苏轼竟遇到了蒋之奇。十几年前，他任杭州通判时，曾立志在宜兴归田养老。如今，蒋之奇帮他重拾旧梦，在宜兴买到了田地。

君命不可违，苏轼一边向汝州慢慢行进，一边思考下一步该怎么办。到达扬州（今江苏扬州）已是金秋十月，他向皇帝写了一封奏章，请求获准在常州（今江苏常州）居住，许久没有回音，他又写了一封更为恳切的奏章，第二年二月，终于得到了神宗皇帝的同意。

在此之前，苏轼曾去南都看望张方平。时光荏苒，张方平已七十九岁高龄，双目昏花，垂老如风中残烛。苏轼痛惜之下，更感人生苦短，决定要为自己的本心而活。因此在常州的生活格外令他舒心。

时值早春，一日小饮后午睡醒来，见阳光明媚、鸟语花香，苏轼怀着欣喜与满足写下《春日》一诗："鸣鸠乳燕寂无声，日射西窗泼眼明。午醉醒来无一事，只将春睡赏春晴。"

谁知，这样简单、安静、悠闲的生活，在一个月后戛然而止。

三月初五，三十八岁的神宗驾崩。继位的哲宗只有十岁，由高太后垂帘听政。高太后反对新法，便陆续起用仁宗、英宗两朝的元祐旧臣，也包括司马光和苏轼。

苏轼先是被任命为朝奉郎、登州知州，到任登州五天便被召回京师任起居舍人[①]，苏轼对此深感惶恐，请辞但未获准。苏辙也被召回京，司马光不久后成为宰相。朝廷情势大变，苏轼的好友章惇，当时执掌枢密院，仍与苏轼分属不同的阵营。

高太后对苏轼极为欣赏和器重，在苏轼返京后不到一年的时间里，将他从起居舍人一路升为翰林学士，苏轼成为三品大员的同时，还成了哲宗皇帝的老师。在外人看来，位极人臣的苏轼光鲜无比，只有他知道个中甘苦。

司马光上台后，开始陆续废除新法，但在废除免役法时，苏轼却提出了不同的意见。司马光很不理解曾激烈反对

[①] 朝奉郎不是实职，只是表明官阶，为正七品。起居舍人为从六品，与起居郎同为史官，主要记录皇帝言行、朝廷发布的命令等国事活动。

新法的苏轼，现在为何转而支持免役法。其实，苏轼在本质上不属于新旧任何一党，他只遵从于自己的判断。他认为免役法具有其先进与合理之处，不应废除，为此苦苦劝说司马光，谁知司马光的执拗不在王安石之下，气得苏轼回到家后直呼："司马牛！司马牛！"

政事繁忙，苏轼无法拿出大量时间来写作诗词文章。因此，苏辙的亲情陪伴，朋友、门生们的风雅聚会，于他是莫大的慰藉。

往来的友人中，有几位画家：曾贵为驸马的王诜，是早年旧识；年轻的米芾，曾于苏轼谪居黄州时专程前去拜望；知名度非常高的李公麟，则是新近结识的。此一时期，李公麟曾为苏轼作一画像，画中苏轼低眉敛目、神情散淡、长髯飘飘、衣着随意，于山石之上静坐，一根树枝做成的细杖横斜胸前，有逸出尘世的安静之气。这幅画流传至今，是公认的最接近苏轼本人样貌的画像。

苏轼与这些画家朋友相互切磋书画技艺，也享受难得的闲雅时光。要说雅聚佳地，莫过西园。西园位于开封城北，在王诜府邸内。园内建筑华美，陈设富丽，花木秀茂，池沼清碧，优雅与野趣并存。

苏轼等人在西园内的雅集，与兰亭雅集、玉山雅集并称为中国历史上三大文人雅集。李公麟将他们雅集的场景画成了一幅《西园雅集图》，采用长卷分段式的画面叙述语言，再现了一群风雅才子题字、赏画、弹阮、题诗、谈佛论道等动人瞬间。

西园雅集成了后世文人雅集的理想范本，而《西园雅集图》则成了后世画家乐此不疲的创作题材。

最明亮时可能最迷惘，最繁华时可能最悲凉。西园雅集更像是疲累生活中的诗意梦想，反衬出的，是苏轼在现实人生中愈来愈艰难的处境。

元祐元年（1086）四月，王安石病逝。九月一日，司马光病逝。当时朝廷正在举行将神宗灵位移入太庙的祭祀典礼。典礼结束后，苏轼和一帮大臣赶往司马光府上吊唁，却被程颐拦住。程颐是宋代著名理学家程颢的弟弟。他认为刚参加过太庙吉礼又来吊丧，不合孔子提倡的古礼。苏轼非常反感程颐的教条和不近人情，他当众嘲讽了这个古板的道学家，却无意中种下了祸患。

当时朝廷中按地域分为洛党（河南派）、朔党（河北派）、蜀党（四川派）等。程颐属洛党，他的弟子们决心为老师报这屈辱之仇，便联合朔党中伤苏轼，朝中其他一些小人忌惮苏轼位高权重，担心他日后成为宰相对自己不利，也加入到构陷苏轼的行列。

苏轼有什么错？不过是周围一片浊黑和歪斜时，他独守清白与端正。他们不允许他存在，因为这更毫无遮拦地映射出他们的不堪。

此外，还有苏辙任谏官时，曾对吕惠卿、章惇等变法派人士进行强力弹劾，这些人虽已被贬，但他们在朝中还残留着强大的余党势力，这些人也趁机想尽办法对苏轼进行打压。

致君尧舜、回馈君恩，竟如此艰难。经过苏轼一而再、再而三的请求之后，高太后终于在元祐四年（1089）三月十六日，批准苏轼以龙图阁学士的身份，出任浙西路兵马钤辖兼杭州知州①。

虽无法回到他心心念念的黄州，但去往自己视为前世故乡的杭州也很好。此番前去，天堂湖山是否依旧静美如初？

————————————

① 龙图阁学士为从三品，相当于皇帝的侍从顾问，在此为虚衔。苏轼实职为浙西路兵马钤辖，即统领浙西六州的军事。

天堂遗爱

到达杭州时，正是炎夏七月。苏轼来不及欣赏阔别十五年的杭州美景，便立即投身到一项艰巨的任务中。

从年初开始，杭州接连遭遇水灾、旱灾，粮食歉收，粮价疯涨，此种情势若持续，百姓便有饥饿殒命的危险。苏轼立刻上报朝廷，最终用申请到的救济款，加上准备整修官舍的费用，到外地采购大量粮食，以此来稳定粮价，使杭州人民平安度过灾荒。

一个问题解决，新的问题又出现了——灾荒过后，疫病又来。苏轼组织一些懂医术的僧人，组成流动的"医疗队"，在民间免费为人们治病。在黄州时，巢谷曾将连自己儿子都不传的医药秘方"圣散子"传授给苏轼，并且要他发誓不再传给第二个人。如今为了救人，苏轼不顾违背誓言，将"圣散子"的药方贡献出来，自费买了药材，在街头煎药分发给过往行人服用。

疫情终于结束，杭州几千人的生命得以保全。苏轼没有陶醉在感激声和颂扬声中，他比这些百姓想得更为长远——杭州人口流动频繁，怎样才能保证以后人们也能得到及时救治呢？苏轼捐出五十两黄金，加上筹集的公款，在众安桥盖了一所名为"安乐坊"的医院。这所医院，被认为是我国历史上第一所面向普通百姓开放的公办医院。直到苏轼去世，这所医院依然在治病救人。

一个关心百姓疾苦的官员，眼中总有不断涌现的问题需要解决。战胜了灾荒和疫病，苏轼又开始忙着组织人力疏通运河，恢复杭州的水运交通，同时将他当年与陈襄一起疏通、如今又淤堵的六井重新修复，让人民饮水无忧。

运河疏通、六井修好，苏轼却意识到，如果不治理西湖，西湖不能保持良好充足的水源供应，运河和六井会再次被泥沙填塞。然而，治理西湖，谈何容易？

西湖之水不但供全杭州人饮用，还有着灌溉附近千顷农田的功能，因在宋朝被定为皇家放生池，一直没有治理。天长日久，湖中淤泥堆积，水草横生，致使湖水越来越少。现在的西湖，一半湖面已被泥沙和杂草侵占，苏轼上奏朝廷获准后，便立刻开始组织人力掏挖湖泥、铲除杂草。施工期间，他每天都在湖边亲自监督，常常拖着一脚泥水来来去去，有时连饭也忘了吃，有时就在工地上与工人一同随便吃点。

新的麻烦又出现了：清理出来小山似的淤泥和杂草，该归置到哪里去呢？苏轼望着西湖陷入苦思，突然，他眼睛一亮：湖上东西有堤，南北却无，何妨用这些泥沙水草筑成湖堤，既可废物利用，又可方便行人，岂不美哉？这座堤，就是后来著名的苏堤。

尽管公务繁重，但苏轼却有办法为自己减压。他常常坐在西湖边或灵隐寺的冷泉亭办公，一边欣赏美景，一边轻松地与同事们谈笑，顷刻之间，公事已处理得干净利落、有条不紊。在难得的闲暇里，他会去湖山之间访友。对于苏轼来说，杭州的山水花鸟皆为旧识，更不用说人。

刚到杭州，他便前去找惠勤，不料惠勤早已故去，惠勤的徒弟二仲说，在苏轼来杭州前，寺中突然涌出一股清泉，想是惠勤师父在天有灵，得知苏轼要来，以此告慰老友。

苏轼愿意相信清泉的灵性。二仲请求他为此泉取名，苏轼想到是因为欧阳修，自己与惠勤的生命有了连接，才有了这口泉，就用欧阳修的号，将此泉命名为"六一泉"①。

龙井的辩才法师，被后世称为龙井茶鼻祖。当年苏轼在

---

① 六一泉至今仍在，位于杭州孤山南麓，西泠印社之西，俞楼之东。

杭州任通判时，便与辩才相识。烦闷时，苏轼常常去找辩才法师谈心。喝一口辩才法师手植的绿茶，听一席方外高僧的智言警语，苏轼便身心如洗，忘却了尘世。

如今辩才已年过八十，仍然清瘦矍铄，只是须眉皆白，真正的恍若仙人。这位高僧已不再担任上天竺寺住持，而是退居在龙井寿圣院。虽避世隐居，仍挡不住络绎不绝、慕名而来的访客。这些人中，除了苏轼，还有秦观、参寥、赵抃等名人。

因访客太多，辩才不得已定下规矩：殿上闲谈，最长不超过三炷香；山门送客，最远不过虎溪。不想这个规矩却因为苏轼而被打破了。一次，苏轼与辩才畅谈一夜，第二天还意犹未尽，在送别的路上边走边谈，不知不觉竟过了虎溪。后来，辩才法师就在风篁岭上建了一座过溪亭，以纪念他们深厚的友情。

参寥这时也在杭州，住在孤山智果精舍，苏轼有空便常来拜访。日子就这样一天天滑过，不觉已是元祐六年（1091）二月，寒食节过后第二天，苏轼和两位朋友来到智果精舍。参寥用槐木生起火，打来泉水煮茶。苏轼但觉茶味清新，参寥笑着说："这是石间新出的泉水。"时值清明寒食刚过，槐火，石泉……此情此景，好像在哪里见过。恍然间，苏轼想起了几年前在黄州做过的那个梦，今日的场景，正照应了梦中的诗句："寒食清明都过了，石泉槐火一时新。"

苏轼将那眼新石泉取名为"参寥泉"，又写下一篇《参寥泉铭》。这是他给参寥的告别礼，因为朝廷已下诏令，命他卸任杭州知州，返回京师。

人生如梦，梦如人生。现实与梦境，虚实交错，正如庄生梦蝶。世事不就是一场春秋大梦？就像此刻，他在天堂山水间与参寥相聚谈笑，彼时，又将天各一方，随风飘荡。

此次重回人间天堂，苏轼在杭州为政还不满两年，但他与杭州的情缘，他遗留给杭州的爱，至今不绝。只是那时的他，并不知道这是他与杭州最后的告别。

穿越时空的灵魂对话

　　回京任职，是苏轼所不愿的。对于朝堂党争，他疲于应对，也不屑卷入。奈何高太后不顾他一再请辞，坚决召他回京。恩遇的背后，也是政治权谋——朝廷需要正直敢言的臣子，更需要有人来牵制大权独揽的权臣，高太后将这样的希望寄托在苏轼、苏辙身上。

　　苏轼外任杭州后，高太后飞速提拔苏辙，到苏轼此次回京时，苏辙已官至尚书右丞①。苏辙曾惶恐请辞，但未获准。苏轼被任命为翰林学士及侍读，仍为皇帝之师。苏家兄弟获此重用，又让朝中的野心政客们妒忌得眼睛发红，开始兴风作浪，试图制造第二次"乌台诗案"。

　　无中生有的事，自然不攻自破，阴谋没能打倒苏轼和

---

① 宋代元丰新制，取消参知政事，以尚书左丞、尚书右丞为副宰相。

苏辙，却也闹得朝廷鸡犬不宁，高太后最终禁不住苏轼多次苦求，下旨任命苏轼为颍州知州。苏辙也请求外任，没有获准，仍任尚书右丞。

此次赴京，苏轼就没打算久留，他未带家眷，自己借住在苏辙的东府。离京前一夜，苏轼望着弟弟住所的灯光，想起当年二十七岁的自己和二十三岁的苏辙，在怀远驿立下的"夜雨对床"之约，距今已三十年。千言万语，化作一首赠与弟弟的诗，他在诗中期望有朝一日，兄弟共同归隐的梦想能够成真。

感旧诗

床头枕驰道，双阙夜未央。

车毂鸣枕中，客梦安得长。

新秋入梧叶，风雨惊洞房。

独行残月影，怅焉感初凉。

篇仕记怀远，谪居念黄冈。

一往三十年，此怀未始忘。

扣门呼阿同，安寝已太康。

青山映华发，归计三月粮。

我欲自汝阴，径上潼江章。

想见冰盘中，石蜜与柿霜。

怜子遇明主，忧患已再尝。

报国何时毕，我心久已降。

五月回京，八月苏轼已到颍州任职。

仿佛重温旧梦，颍州的风物，盛满回忆，这是欧阳修终老之处。当年和苏辙来看望恩师的情景，仿佛就在昨天。如今物是人非，欧阳公故去多年，而自己也已白发苍颜。

一次夜游颍州西湖，苏轼追忆过往之时，忽听有歌女在唱欧阳修所作《木兰花令》。清寒之夜，圆月盈盈，湖波轻扬，秋露凉滑，歌韵幽咽。四十三年前，欧阳修第一次到颍州任职时写下此词。光阴的流逝快如闪电，现在只有歌女的歌声、西湖的夜月，与自己一同怀念欧阳前辈。

"霜余已失长淮阔，空听潺潺清颍咽。佳人犹唱醉翁词，四十三年如电抹。 草头秋露流珠滑，三五盈盈还二八。与余同是识翁人，惟有西湖波底月。"这首《木兰花令》，是他与欧阳修的隔空唱和，亦是穿越时空的灵魂对话。

颍州不如杭州富饶，但好在风景绝佳、政务清闲。除了欧阳修的家人，还有下属赵德麟、诗友陈师道等一众知交。苏轼在这里彻底放松了身心，权且当作过上了归隐田园的生活，公务之余，便与友人游山玩水、诗酒风流。逃离了政治旋涡，他又变成一个心境平和闲适的诗人、词家了。

这年年底，苏轼得到消息，八十五岁的张方平病逝于南都。不能亲自去吊唁，苏轼只好在颍州荐福寺举行祭奠仪礼。他一直记得张方平的知遇之恩，这些年只要有机会，他必定会去南都看张方平。前辈一个个零落，而自己也已迈入垂老之门。

时间来到了元祐七年（1092）早春，苏轼与闰之月下漫步，见月下梅花绽开如梦，不禁轻吟起林和靖最著名的一句咏梅诗："疏影横斜水清浅，暗香浮动月黄昏。"受他熏陶，闰之也不禁诗兴大发，说道："诗人多写秋月，要我说，春月比秋月好。秋月太凄清，还是春月令人喜悦。这么美的夜晚，为什么不将这些朋友请来，一起在花前月下饮酒赋诗呢？"

苏轼睁大眼睛，闰之在他心里，一直少了些诗意，谁知今日的她却让他感到满满的意外和惊喜。依闰之之言，月下雅聚如愿举行，苏轼从闰之的话中得到灵感，写下一首《减字木兰花》词："春庭月午，摇荡香醪光欲舞。步转回廊，半落梅花婉娩香。　　轻云薄雾，总是少年行乐处。不似秋光，只与离人照断肠。"

这次月下之聚，也是与颍州友人的告别。因为二月里，朝廷发下诏令，将苏轼调任扬州知州。

这半年，政务不算繁重，但苏轼在颍州并非无所作为。他仗义执言，上疏朝廷，阻止了开凿八丈沟与颍河这个劳民伤财、为害地方的不合理计划。为让颍州农田免受旱灾，苏轼奏请朝廷，调集人力修沟渠、治西湖，又引来焦陂之水，修筑清河三闸。这些水利工程，直到苏轼离任还未完成，他只好将余下的工作交给赵德麟。

苏轼不只解决眼前的问题，有些可能的忧患，他也提前做了预案。当发现颍州境内出现邻州逃荒的难民时，他敏锐地意识到，如果未来灾荒加重，外州逃荒的难民会更多，而颍州也会因灾荒出现大量难民，怎样避免大量民众被饿死的可能？只能未雨绸缪，早做准备。他一边上疏朝廷请求支援，一边想尽一切办法制订详细方案，以便预先采购粮食加以储存，在遇灾时发放给民众。

尽管各种不放心，苏轼却不得不遵从皇命，于三月十六日到达扬州任职。

令苏轼高兴的是，扬州也曾是欧阳修的任职之地，如今他的学生、"苏门四学士"之一的张耒任扬州通判，师生成了同事，也是美事一桩。

只是在赴任途中看到的景象，让苏轼心潮难平——本是春耕好时节，田野却不见忙碌劳作的身影，村庄也寂静无人。苏轼走入一座村庄，好容易见到一位老人才问明缘由：人们都离乡去躲避官税了。

苏轼深知官税之害。这些可怜的底层民众，好容易遇到丰年，命运却比荒年还惨，因为官府不仅要征收当年的税，还要让农户补交荒年欠下的税，交不出就抓去坐牢。人们宁愿在外流浪，也不敢回家。

一到任所，在例行写给朝廷的谢表中，他用洋洋七千多字，痛切陈述了这一问题。很快，朝廷回复，暂停征收官税。看着民众一片欢欣，苏轼欣慰又满足。

阳春三月，正是扬州举办万花会①的时节。万花会美则美矣，只是大肆铺张，官员、商人借机大把捞钱，盘剥的是老百姓的血汗钱。

虽然也喜欢扬州被万花簇拥的场面，但相较于风雅，人民的幸福安乐才最重要。苏轼顶住重重压力，果断下令：万花会停办。民众又是一片欢欣，那些贪官、奸商却恨得咬牙切齿。

还有一件事，让扬州百姓感念苏轼的恩德。在与官船船夫的聊天中，苏轼了解到他们的生活异常困苦，便下令允许官船的船夫顺带销售私货以补贴收入。像这样体恤民意的官，古往今来能有多少？

———————————

① 宋仁宗时，洛阳城开万花会之先河，用万朵鲜花装点新市，后蔡京任扬州知州时，也效仿洛阳办起了万花会，此后成为春日习俗。

欧阳修曾在扬州建平山堂，为纪念恩师，苏轼在平山堂旁建了一座谷林堂，并写下一副对联：深谷下窈窕，高林合扶疏。公务之外，闲暇之时，在平山堂、谷林堂漫步的苏轼，会在心里和欧阳修默默对话。

想起欧阳修的一生，再联想到自己的人生，他又一次想到归隐，但终无法做到像陶渊明一般决绝和坚定。为何？不只因为自己的抱负和理想，不只因为要回馈君恩。因为看过无数人间疾苦，才真正明白：大善为官，小善为慈。凭个人力量做慈善，毕竟有限；如果做官为善，拯救的将是万千苍生。

他一遍遍地读着陶渊明的诗，隔着七百年的光阴，开始用笔与这位旷代知己进行交谈。读陶诗就是在听陶渊明说话，他用和诗回应，也追问、回应自己的内心。

《问渊明》，是苏轼第一次与陶渊明穿越时空、深入灵魂的对话。在诗中，他为陶渊明归隐的勇气点赞，同时又说：其实你也像我一样，时时处在仕与隐的矛盾中，即便做了隐士，也没能彻底摆脱这种纠结，不是吗？

随后，苏轼写下了第一首和陶诗《和陶饮酒二十首（其一）》。七百年后，五十七岁的苏轼开始用诗与陶渊明进行对话。此后，他便开始乐此不疲地为陶渊明每一首诗写和诗，直到人生接近终点。

和陶饮酒二十首（其一）

我不如陶生，世事缠绵之。

云何得一适，亦有如生时。

寸田无荆棘，佳处正在兹。

纵心与事往，所遇无复疑。

偶得酒中趣，空杯亦常持。

到扬州半年后，元祐七年（1092）八月，苏轼接到回京的诏令。

不用说归隐，连长久在一处安稳地生活，都已是奢望。隐隐地，他感受到一种山雨欲来风满楼的气息。

翻云覆雨的世界

哲宗召回苏轼，封他为兵部尚书，此外还让他兼任南郊卤簿使①。此次郊外祭祀，是年满十八岁的哲宗第一次独立参加祭祀天地的大典。这意味着，不久，年轻的皇帝将会亲政，不再依从于高太后。

苏轼尽心尽力做好分内之事，郊祀结束，他被升任为端明殿学士、翰林侍读学士、礼部尚书。这是他一生官职的顶峰。他再三谢辞，均未获准，只得勉强上任。

得此荣耀，苏轼并未自得自满，他一如既往地谦和。得意时，看得起别人；失意时，看得起自己。这是定，也是慧。

---

① 南郊卤簿使为掌管郊游祭祀仪仗队的官员，非常重要。可看出此时皇帝对苏轼的器重和信任。

其实在回京途中，苏轼就一连写了好几道辞免状，奏请郊礼过后依然在京外任职。如今圣命难却，只能尽心做一个好臣子。吃过这么多苦，他依然改不了直言的本性，朝政弊端、他人过失，面对皇上他都毫不避讳地指出来。朝中本就有许多人视他为眼中钉，如今因为他的直言、因为他的荣耀，仇怨的队伍便扩大了，于是诬告、排挤再次汹涌来袭，在极度厌倦失望之下，他再次请求外任，仍未获准。

　　心力交瘁之际，命运又让更残酷、更痛苦的事降在他身上——相伴二十五年的妻子闰之，于元祐八年（1093）八月一日因病离世。她这一生过得太辛苦，一直陪苏轼宦海浮沉，无论际遇如何变化，她始终如春月般给他喜悦和希望。苏轼为闰之写下的诗词并不多，但这并不代表她在他的心里不重要。

　　闰之是个虔诚的佛教徒，因此那次她过生日时，苏轼依照《金光明经》中的故事，买鱼放生为她庆贺，还写下《蝶恋花》一词，这样特别的生日礼物，不算浪漫，但用情至深。

　　泛泛东风初破五。江柳微黄，万万千千缕。佳气郁葱来绣户，当年江上生奇女。

　　一盏寿觞谁与举？三个明珠，膝上王文度。放尽穷鳞看

126

囷囷，天公为下曼陀雨。

她对三个孩子一视同仁，她平实安稳的陪伴，使他始终对她存着敬意和感激。他曾答应过她，脱身官场后陪她一起回归故乡，享受宁静的生活。这一诺言无法实现，他只好发下誓愿：死后愿与她同葬，相伴生生世世。

尚未从痛失亲人的巨大悲伤中回过神来，九月三日，苏轼惊闻高太后病逝。哲宗开始正式亲政，整个国家又将是一番新天地。苏轼很是不安，作为哲宗的老师，他非常了解这个学生：他叛逆又任性，早就对高太后束缚自己不满，又听信谣言，认为高太后曾有意另立皇帝，因此当高太后离世后，便立即开始铲除反对变法的元祐旧臣。

幸而在高太后去世之前，苏轼请求外任获得批准，将要赴定州（今河北定州）任知州。离京之前，苏轼本想面见哲宗再行嘱咐一些忠言，没想到哲宗竟不愿相见，他只好留下一篇苦口婆心的奏章，劝哲宗不要轻信急功近利之臣，自己要有主见，行安稳万全之国策。

苏轼又在东府和苏辙再次告别。萧瑟深秋，雨打梧桐，离愁更重。夜雨对床之约，已不敢轻易再提。人在世间，有多少的身不由己！看着弟弟也已满是沧桑的脸，苏轼伤感地想：现在，弟弟是门下侍郎，暂时无忧，但自己走后，谁知那些人会如何对待他呢？

定州是与辽国接壤的边防要地。九十年前，辽军正是从这里将烽火燃到大宋，迫使宋真宗缔结了屈辱的"澶渊之盟"。苟安之下，定州军备日渐松弛，将领骄纵，兵士懒散，历任定州知州都对此无可奈何。

十月二十三日，苏轼一到定州，即刻铁腕整顿军纪、治理腐败、严明作风，同时加强练兵强度，并亲自检阅。他深知底层士兵的辛苦，为此特地申请经费翻修军营，尽最大努力改善士兵的生活。

定州常有从辽国来的盗贼作乱，苏轼请求朝廷恢复"弓箭社"民间治安组织，却没有得到回应，他只得想尽办法驱逐盗贼。

政务千头万绪，苏轼在累的时候不免又想起闰之。幸而此时三个儿子、儿媳连同孙辈，都一起来到定州，陪在他身边。好友李之仪和同乡孙敏行，在他的定州知府中做幕僚。这些都让他感到安慰。

有时候和李之仪、孙敏行等人喝酒，苏轼会谈起朝中政局。如今谁都看得出来，变法派即将得势，元祐旧臣个个如惊弓之鸟，谁也不知道明天会如何。与其预支明天的忧愁，不如让今天过得有意义。苏轼便和李之仪等寄情于翰墨之间。在文字里，他忘了年月，抛却所有，毫无挂碍地享受着当下。

故乡仍是不能忘怀的所在。一次，他偶然得到一块太行山石，天然石纹如雪白的浪花在石间奔流，他想起了故乡的江水，也是这般雪浪翻卷，便将这块山石命名为"雪浪石"，将自己的书斋命名为"雪浪斋"。为此，他还专门写下一首诗《雪浪石》，吟咏这块普通又神奇的石头。

太行西来万马屯，势与岱岳争雄尊。

飞狐上党天下脊，半掩落日先黄昏。

削成山东二百郡，气压代北三家村。

千峰右卷蠹牙帐，崩崖凿断开土门。

揭来城下作飞石，一炮惊落天骄魂。

承平百年烽燧冷，此物僵卧枯榆根。

画师争摹雪浪势，天工不见雷斧痕。

离堆四面绕江水，坐无蜀士谁与论。

老翁儿戏作飞雨，把酒坐看珠跳盆。

此身自幻孰非梦，故园山水聊心存。

石静默无语，却禁得住惊涛骇浪，活得比人长久。苏轼从雪浪石身上，看到了故乡，看到了人世间种种，也看到了自己。世事无常，沧海桑田，翻云覆雨，怎样在动荡中像石头一样拥有巨大的定力、拥有一颗沉静的心呢？

预感很快得到了证实。苏轼到定州后的第二年，皇帝将年号改为绍圣。年号的改变，预示着新的政局。三月，苏轼得到消息：苏辙被贬汝州。四月，朝廷下令，取消苏轼的端明殿学士、翰林侍读学士封号，贬任英州（今广东英德）知州。

　　此时，哲宗重新起用变法派，重用章惇等人。重回朝堂的变法派，开始疯狂打击元祐旧臣。贬谪的命令一道接一道，不过一两个月，便有三十多位元祐时期任要职的高官被流放到边远蛮荒之地。

　　很快坐上宰相之位的章惇，此时不再顾念旧日友情，对苏轼也下了狠手。苏轼当年看得非常准，像章惇这样狠起来连自己的命都可以不要的人，面对与自己成为政敌的老友，果然没有半点包容与悲悯之心。何况，他是个记仇的人，还记着苏辙弹劾他的事。

　　离开定州前，苏轼记挂着还未来得及为百姓办的事，牵肠挂肚，又万般无奈——自身尚且如风中飘蓬，又如何顾得了那些苦难民众！

　　定州城越来越远，苏轼带领家人沿太行山离开。走到汤阴，大家都又渴又饿，于是每人便在路旁的小摊上喝了一碗豌豆大麦粥。看着孩子们有点难以下咽的样子，苏轼告诫他们，在这颠沛流离的路途中，能喝到这样的粥，应该感到满足。人到哪个境遇，都要能够适应。

一路上，苏轼又接到两道诏令，前一道是官阶再降一级，后一道是取消他以后调级升官的资格。这就是说，苏轼将终身是一个官阶最低微的罪官。再三考虑之后，苏轼绕道到了汝州，一来去向苏辙告别，二来将自己的家人托付给弟弟照顾。

　　这些年，苏轼多在地方任职，俸禄本就不多，再加上他不善储蓄，因此钱全花光了。苏辙子女众多，也不富裕，但由于近年担任京官，俸禄稍多，花费也较为节制，在经济上还是比哥哥强。

　　苏轼与苏辙商议之后，决定由苏迈拿着苏辙资助的七千钱，带领大部分家人去往宜兴。苏轼曾在那里买有田产，家人总还能够生活。苏轼征得朝廷同意，决定乘船南行。谁知行至当涂（今安徽当涂），朝廷再下诏令，贬苏轼到更为遥远的惠州①，并且不许签署公事，相当于没有任何权力的罪人。

　　惠州远隔万里，苏轼不愿拖累家人，决意独自前去。苏轼已是年届六十的老人，儿孙们岂能放心，最后商定，由第三子苏过陪同父亲前往。一向柔弱的朝云，此时勇敢地站出来，表示一定要随侍在苏轼身边。她的态度那么坚决而热烈，令苏轼无法拒绝又感慨万端。

　　如今，苏轼年老落难，唯有朝云像通德陪伴伶玄一样陪

―――――――――――――――

①　惠州为宋时设置的州，辖境相当于今广东省罗浮山以东的东江流域及螺河水流域以西沿海地区。

伴在苏轼身边。这怎能不令人感动？后来，苏轼读白居易诗集时，有感而发，写下一首《朝云诗》表达感念。

世谓乐天有《粥骆马放杨柳枝词》，嘉其主老病不忍去也。然梦得有诗云："春尽絮飞留不得，随风好去落谁家。"乐天亦云："病与乐天相伴住，春随樊子一时归。"则是樊素竟去也。予家有数妾，四五年相继辞去，独朝云者，随予南迁。因读乐天集，戏作此诗。朝云姓王氏，钱塘人，尝有子曰干儿，未期而夭云。

不似杨枝别乐天，恰如通德伴伶玄。
阿奴络秀不同老，天女维摩总解禅。
经卷药炉新活计，舞衫歌扇旧因缘。
丹成逐我三山去，不作巫阳云雨仙。

有苏过和朝云陪着，苏轼坦然地走在去往惠州的路上。很多友人怕他承受不了打击，他平静地回复：这一切果，缘于自己种下的因，怨不得任何人、任何事。他还反过来安慰朋友们，请他们放心，他的状态很好。

惠州，会是一个怎样的所在？飘摇跌宕的世界，翻云覆雨的世界，又会埋下怎样的伏笔等待他？

卷五

不惊：如常的珍贵

　　从惠州到儋州，南方之南，蛮荒无以复加，物质
的匮乏达到顶点，但苏轼精神却越来越像一片海。只是
这片海没有浪涛汹涌，只有波澜不惊、静水流深。无论
何样的生活，他都能过出如常的滋味。经历过非常，才
知如常之珍贵。看清生活的真相，依然热爱生活，这是
平凡的英雄主义，也揭示了一个真理：人生有何意义？
或许并无意义，若说有，只在日常，只在生活的细微
之处。

合江楼与嘉祐寺

绍圣元年（1094）十月二日，山迢水遥，苏轼终于到达
惠州。宋时的惠州，治所在今广东惠州市惠州区。两条江水
合流之处有一座合江楼，为巡视官员临时居住的宾馆。

当时的惠州太守詹范，与曾经的黄州太守徐君猷是好
友，因此对苏轼甚是礼遇，安排他住在合江楼。站在楼上远
眺，山海邈远，江天澄碧，云水苍茫，视野极为开阔，令人
有出尘之想。苏轼不由得起了诗兴。

事实上，一路行来，他并非怀揣一腔沉郁苦行，而是随
走随游，沿途山水名胜，一一入眼、入心，也入了诗，苏过
也受感染写起了和诗。

过大庾岭时，苏轼想到一经此岭，便真正离开中原，到
了蛮荒南国，这就好似将身世过往一举抛在岭北，将此前受

尘俗污染的身心顿时涤荡净尽，而去往一个完全神秘未知而又自由清净的神仙境地一般，正如李白流放夜郎时所写的诗句"仙人抚我顶，结发受长生"。一念及此，苏轼便从悲惨的现实世界一跃而到了超脱尘世的想象世界，精神境界自然又上升一层。这样重要的心绪，自然要记录，他于是借用李白的诗句，在龙泉钟上题诗：

过大庾岭

一念失垢污，身心洞清净。

浩然天地间，惟我独也正。

今日岭上行，身世永相忘。

仙人抚我顶，结发受长生。

到了惠州，自然也要先四处游览一番。十月十二日，苏轼带苏过到了惠州东北的白水山佛迹岩，这里有状若天垂白练的大瀑布，还有热气蒸腾的温泉，正中喜好沐浴的苏轼下怀。身体被水浪冲刷之时，心灵也得到了净化。他要以全新的自我开始在惠州的生活。

早在过大庾岭时，他就决心脱去旧我、迎接新我。过了大庾岭，便真正离开了中原，而到了蛮荒南国。宋朝不杀文臣，贬谪岭南是最重的惩罚。苏轼没有埋怨命运的不公，没有追问何以自己遭受如此重罚，他只是平静地接受了现实，以一己之心求自度。前五十九年所遭受的种种，都抛却吧，从此只一心清虚，安然度日。

安然却不易。合江楼是宾馆，无法久住，况且苏轼是罪臣。十月十八日，苏轼带着苏过、朝云搬到了惠州嘉祐寺居住。相比合江楼的高远阔大，嘉祐寺另有一番幽深静美的风致。寺旁山顶有一座松风亭，苏轼常去。

不觉已入冬，十一月二十六日这天，苏轼在松风亭下看见梅花盛开，想起当年被贬黄州，途经湖北麻城春风岭，曾面对梅花黯然销魂，如今再遭贬谪，又见梅花，他的心却平静如水。对着一树月下寒梅，只须无言独饮，不须叹息忧愁，人生的妙处、世间的真意，就在这样的时刻里。

这样的时刻，自然也是要写诗的。他于是写下《十一月二十六日松风亭下梅花盛开》。

春风岭上淮南村，昔年梅花曾断魂。

（予昔赴黄州，春风岭上见梅花，有两绝句。

明年正月往岐亭，道上赋诗云：

去年今日关山路，细雨梅花正断魂。）

岂知流落复相见，蛮风蜑雨愁黄昏。

长条半落荔枝浦，卧树独秀桄榔园。

岂惟幽光留夜色，直恐冷艳排冬温。

松风亭下荆棘里，两株玉蕊明朝暾。

海南仙云娇堕砌，月下缟衣来扣门。

酒醒梦觉起绕树，妙意有在终无言。

先生独饮勿叹息，幸有落月窥清樽。

　　苏轼常常会一口气爬上山顶，到松风亭才允许自己休息。有一天，他走到半山腰便体力不支，本想咬牙坚持，转念一想，何苦为难自己，什么地方不能歇脚呢？细想一想，走在人生之路上，不也是如此吗？能走多远就走多远，不必用既定的条条框框困住自己，进退俯仰，听从本心就是。就像住在合江楼与嘉祐寺，各有其好，而居于岭北岭南，也各有不同的体验。这样的感悟，他写在了《记游松风亭》这篇短文中。

　　余尝寓居惠州嘉祐寺，纵步松风亭下。足力疲乏，思欲就林止息。望亭宇尚在木末，意谓是如何得到？良久，忽曰："此间有甚么歇不得处？"由是如挂钩之鱼，忽得解脱。若人悟此，虽兵阵相接，鼓声如雷霆，进则死敌，退则死法，当恁么时也不妨熟歇。

其实，岭南与岭北的生活差别非常大。惠州本就物质贫乏，苏轼又穷，买不起羊肉，他就将羊骨煮烤之后，撒上一点作料，剔下点点肉星来吃。他专门在给苏辙的信里，提到这种自己发明的美味，还开玩笑说，这个法子可行，只是会惹狗不高兴。

没有酒喝，他就自己酿酒。没有医药，他就自己学医术、自己种药材。他酒量不好，酿的酒全给别人喝。他注重养生，身体无病，医药全帮了别人。将生命能量转为利他，人生就跳出了小我，得到了升华，苏轼从中获得了巨大的幸福——看别人喝酒，他口齿生香；见别人药到病除，他身体轻快。

他还在给参寥的信里说：即便像一个从寺院退隐的和尚，住在荒村，用一口断腿的破锅煮糙米饭吃，这样的一生也过得。在他，什么样的生活都可以忍受，不但能忍受，他还会将忍受变成享受，将地狱变成天堂。

绍圣二年（1095）正月，苏轼得到消息，程正辅新任广州提刑①，三月将会到惠州。自当年姐姐八娘离世，苏家与程家断交，苏轼与程正辅已有四十二年未见。怎样面对这位表兄兼前姐夫，他对自己又会是什么态度，苏轼心中无底。

---

① "提刑"是宋代特有的官，全称为"提点刑狱公事"，主要负责监察地方官以及审理疑难案件。

在京主政的章惇，深知程、苏两家有过节，特意派程正辅巡视广州，明显是想进一步为难苏轼。

一番踌躇之后，苏轼给程正辅写了一封短信，以罪臣面对上官的敬畏口吻，表达希望相见之意。紧接着，苏辙来信，说见过程正辅的儿子、儿媳，从他们口中，苏辙探知程正辅对苏家不但没有恨意，反而颇为关心。苏轼稍稍放心，又立刻写了第二封信，以表弟口吻叙阔别思念之亲情，仍希望相见。程正辅很快回信，说自己有意修复两家嫌隙，一直苦于没有机会。苏轼大为宽慰。

三月，程正辅来到惠州。毕竟血脉相连，又共度过那么多岁月，彼此都历经沧桑，两个表兄弟相见，所有旧日恩怨悄然消散，他们竟变成了亲密的知己。因程正辅的关系，三月十九日，苏轼从嘉祐寺搬回合江楼居住。

倏忽已是九月。苏轼听闻朝廷大赦天下，元祐旧臣不在赦免之列。不久又听说，元祐旧臣终身不许北迁，苏轼心想，恐怕要终老惠州了。第二年正月，程正辅被召还京，合江楼不能再住，他们便又搬到了嘉祐寺。老父既无北还希望，苏迈便打算带全家南来与苏轼团聚。苏轼遂决定在惠州买地建房，为自己安一个真正的家。

建成的新居在白鹤峰，共二十间，为苏轼亲手设计，正厅宽敞明亮，名"德有邻堂"，书斋名"思无邪斋"，房前屋后种上花木果树和药材，再凿一口井，日子就过起来了。在此，苏轼也有了新邻居——一个卖酒的老妇人，一个老秀才。

建房用光了苏轼所有的积蓄。他本就花钱大方，待客不说，在自身都难以周全的情况下，他竟还不忘捐钱做慈善，并时时刻刻记挂着百姓疾苦。借助程正辅和地方官的力量，苏轼为惠州民众做了许多实事。

当时惠州官府纳税只收钱不收粮，人们为了交税，不得不在米价大跌的情况下大量卖粮，这无疑会加剧他们的生活困窘，苏轼提议将纳税改为钱粮皆可。

惠州驻军缺少营房，士兵们不得不四处借宿或租赁房屋，他建议增建营房。

路上遇见无人掩埋的尸骨，他积极筹款，使那些孤苦的骸骨得到妥善安葬。

惠州的农人缺少先进技术，他推动建立水车磨坊，将在黄州了解到的"秧马"的制作方法告诉给农人，大大减轻了他们的劳动负担。

为便利交通，他四处奔走，促成东新桥的建成，还促成惠州西湖①湖上之桥的修复。

---

① 惠州西湖原名丰湖，因在惠州城西，也叫西湖。苏轼一生与杭州西湖、颍州西湖、惠州西湖均有渊源。

最重要的是，他策划实施了广州自来水工程这一福泽后世的壮举。

在做这些事的过程中，他捐款常常达到了捐无可捐的地步，无奈写信向远在筠州的苏辙求助。苏辙也不宽裕，史夫人拿出先前进宫所得的数千赏金，事情才得以进行。

苏轼就是这样，无论自己身处何种境地，总无法对他人的苦难视而不见。就像在黄州，他尽全力捐钱也要制止溺婴的恶习一样。

他忙着解救他人，却忘了他也是在泥泞中挣扎的人，命运从不因此对他有半点仁慈——在朝夕陪伴的两位亲人中，有一位将要离他而去了。

高情已逐晓云空

绍圣三年（1096）七月，在白鹤峰新居开建五个月后，在苏轼为惠州民众奔忙之时，朝云突然病逝。

这个从十二岁开始就生活在苏家的女子，在苏轼落难、别的侍妾都纷纷离开之时，却毅然陪伴苏轼来到惠州，担起艰难生活中的主妇责任。失去儿子后，她开始学佛。来到惠州后，她和苏轼一起修道。一次，苏轼让朝云唱一曲，唱到无比熟悉的"枝上柳绵吹又少，天涯何处无芳草"时，她泪落如雨，无论如何也唱不出来了。

苏轼当时不解，现在想来应该是朝云已有预感。就在这年春天，为了庆祝她的生日，苏轼还郑重地写下祝词："海上三年，喜花枝之未老""天容水色聊同夜，发泽肤光自鉴人"。生活之苦，未能销蚀朝云的美丽。她的美，不只在外表，更在内里。他对她存着敬意。

朝云才三十四岁，身体还好，不料在六月的酷暑里染上瘟疫，在缺医少药的惠州，苏轼无法可想，只能眼睁睁看着她在弥留之际仍清醒地念诵着《金刚经》中的"六如偈"："一切有为法，如梦幻泡影。如露亦如电，应作如是观……"直到气息渐弱，呼吸停止。

八月初三，按照朝云的遗言，苏轼将她葬在西湖栖禅寺东南的松林中。

文字，是寄托哀思最好的方式。他为她写下墓志铭，写下一首《悼朝云》诗："苗而不秀岂其天，不使童乌与我玄。驻景恨无千岁药，赠行惟有小乘禅。伤心一念偿前债，弹指三生断后缘。归卧竹根无远近，夜灯勤礼塔中仙。"

于苏轼而言，朝云不仅是人生爱侣，更是灵魂知己。她比谁都懂他，在最后相伴的岁月里，她是他的佛道知交。没有人能长生，而她更是如此。与其怀着痛苦做无谓的挽留，不如洒脱以佛道之礼送她上路。他不求生生世世与她做夫妻，只愿她心无挂碍，归向净土，而他也最终会向那里去。

夏去秋来，重阳佳节，苏轼忆起朝云，只感凄清孤独。"使我如霜月，孤光挂天涯。西湖不欲往，墓树号寒鸦。"他最爱惠州西湖，如今不敢再去。走在湖边，就能想起她躺在不远处的坟墓中。看一眼，都是锥心蚀骨的痛。

时光一刻不停，梅花又开。山水草木，无不映着旧日那个女子的面影。"玉骨那愁瘴雾，冰肌自有仙风。海仙时遣探芳丛，倒挂绿毛幺凤。　　素面常嫌粉涴，洗妆不褪唇红。高情已逐晓云空，不与梨花同梦。"

这首《西江月》词，表面写梅，实写朝云。冰肌玉骨的美丽女子，不畏艰险陪他万里投荒，正与梅之凌雪傲霜属同一气质。她的美来自天然，她的高洁如空中之云，不是尘俗之美所能比拟。

王弗、王闰之、朝云，苏轼生命中最重要的三个女人，均已离他而去。他对她们的感情，分属不同时空，却同样的深重。

朝云走了，只剩苏过陪伴父亲。这个才华、人品都颇似苏轼的青年，接过了朝云的重担，开始照料老父的生活起居，也在父亲的指导下写诗作画。

苏轼此时也写诗，不过更为专注，写得最多的，是和陶渊明的诗。来到惠州之后，他对陶渊明的精神体认，达到了极致。陶渊明于他，是引领，是救赎，亦是可以随时与之隔空对谈的人。

那天，他与苏过出游回家，躺在床上休息，苏过在诵读陶渊明的《归园田居》。听着听着，苏轼突然从床上一跃而起，他决定在继扬州和陶渊明《饮酒》诗之后，再接着写

《归园田居》的和诗。不但如此，他还要为陶渊明的每一首诗写和诗！

其一

环州多白水，际海皆苍山。

以彼无尽景，寓我有限年。

东家著孔丘，西家著颜渊。

市为不二价，农为不争田。

周公与管蔡，恨不茅三间。

我饱一饭足，薇蕨补食前。

门生馈薪米，救我厨无烟。

斗酒与只鸡，酣歌饯华颠。

禽鱼岂知道，我适物自闲。

悠悠未必尔，聊乐我所然。

这是一个宏大的计划，也是绝佳的精神寄托。他喜欢的不只是陶渊明的诗，更是陶渊明自由、独立的人格。苏轼有些惭愧，他深知自己终其一生也成不了陶渊明，只能以这种方式靠近他。

陶渊明直到晚年，一直保持着他的骄傲和倔强。苏轼希望自己也能保有这样的晚节，虽然他们的骄傲和倔强并不相同。

绍圣四年（1097）二月，历时一年，白鹤峰新居终于建成，苏轼怀着欣喜的心情先搬了进去。苏迈带着自己和苏过的家眷正在来的路上，苏过已赶去虔州迎接。苏迨则遵从苏轼的嘱咐，留在宜兴准备科举考试。

不久，苏迈等人到达。苏迈的大儿子苏箪已二十岁，二儿子苏符也已十七八岁，苏过的大儿子苏籥也长大了不少。看着满堂儿孙，在白鹤峰的新家中热热闹闹地团聚，孤苦了这么久的老翁苏轼，笑泪交加，有一种不真实的幸福感。

同时，他也有了烦恼——家大人多，开销也大，此前为了帮助惠州民众、建白鹤峰新居，积蓄已所剩无几。原本苏迈已定好到韶州①任仁化县令，现在朝廷出了新规：被贬官员的亲属不能在谪地相邻的地区任职。如此，苏迈须另觅新职。热闹也带来了喧闹，苏轼偶尔还会怀念以前孤独安静的日子。

很快，连这样夹杂着烦恼的幸福也不能持续了。住进新家不到两个月，苏轼接到命令：授琼州别驾，移昌化军②安置。

昌化军所在的海南，是当时大宋最为蛮荒之地，"非人所

---

① 韶州，地处岭南，湘、赣、粤的交界处，南边是广州和惠州。
② 琼州，古地名，行政中心在今海口一带，海口市别称琼州。昌化军，即今海南儋州。别驾是副官、闲官。也就是说，苏轼名义上是琼州的闲官，实际上安置地却在儋州。

居"，被贬此地，是除死刑之外最重的惩罚。苏轼为何会被如此重罚？有传言说，章惇读到苏轼在惠州所写的《纵笔》一诗："白头萧散满霜风，小阁藤床寄病容。报道先生春睡美，道人轻打五更钟。"诗中流露出的惬意闲适，让章惇大为恼火：苏轼竟过得如此滋润，不如贬他到最苦之地，看他如何？

这个说法的真实性无法考证，但有一点可以确定：并非苏轼犯了什么错，而是他的存在本身就是一种威胁——章惇等掌权派不允许这样一个人品、能力、声望达到顶级，又具有独立自主精神的人存在。而年轻的哲宗被他们所挟持和蛊惑，失去了明辨是非的能力，元祐旧臣迎来了更猛烈的报复。当权派的压制越疯狂，就越暴露出他们内心的空虚和恐惧。

没有追问，没有愤怒，苏轼平静地准备行程。他似乎已经准备好，迎接任何一种命运。四月十九日，他带着苏过向海南进发，苏迈等人留在惠州。前一天，苏轼已向苏迈交代过后事，他心知这一去，活着回来的希望极其渺茫。

五月，到达梧州（今广西梧州）时，苏轼听说苏辙被贬雷州（今广东雷州），眼下行至不远处的藤州（今广西藤县），便前去相会。兄弟俩在路边的小吃摊上吃饭，面对粗劣的饭食，苏辙举着筷子叹气，苏轼却大口大口，很快吃完了一碗，他大笑着对弟弟说："怎么，你还要慢慢咀嚼、细细品味吗？"

这是苏轼面对逆境的又一法门。在黄州时，面对劣质酒，他也不辨滋味地一饮而尽。他可以亏待自己的味蕾，但不能不尊重身体和生命。

在藤州的二十几天，苏轼和苏辙朝夕相伴，仿佛又回到幼年和少年时光。"夜雨对床"的约定，更遥远得像一个梦。之后，为了能让相聚的时光尽可能延长，苏轼又送苏辙到了雷州。

六月十一日，两人不得不告别了。在雷州的海边，苏辙站在岸上，看着船上的哥哥渐行渐远，最后消失在茫茫海波之上。看起来，这只是一次寻常的离别。没有人知道，这是他们最后一次见面。

天堂披着地狱的外衣

宋代的海南岛分为四大州——琼州、崖州、儋州、万安州。苏轼要去的昌化军治所儋州，在海南岛西南部。

经过一番高山坠深谷般颠簸惊险的海上航行之后，苏轼在琼州府治（今海南海口市）登岸。向北遥望，海的那一边，就是苏辙所在的雷州。去往儋州都是山路，苏轼体力不支，只能雇轿前往。

坐在人力抬着的轿子上，在山路上颠颠簸簸，漫长的路途中，苏轼不由得起了睡意。不久，一阵冷风裹着急雨，惊醒了他。方才梦中，他得了两句诗"千山动鳞甲，万谷酣笙钟"。此刻站在高处北望中原，但见水天茫茫，凄凉哀伤袭上心头，他有一种被世界遗弃之感，不知何时才能离开这座孤岛，北还中原。

但苏轼之所以与别人不同，正在于他从不允许自己在消极的情绪中一路沉落，他的思维中总有一股向上的旋风，将他的心托举向明亮高远之处。他想起《庄子》中的一句话："计中国之在海内，不似稊米之在太仓乎？"以天下之大，中原就像太仓中的一粒米。九州无不被海水包围，如此说来，中原也是一座岛屿，所有生命都处在一座孤岛上。

当用一种超脱于现实的眼光，从更高更远处看待人世间时，人便会获得一种神奇的感受。苏轼将自己想象成一只茫茫宇宙间的蚂蚁，突然有人泼下一盆水，仓皇之间匆忙爬上一片小草叶，茫茫然不知漂向何方。其实所有的担心忧惧都是多余的，水总会干，蚂蚁总会安全回家。

这是独属于他的精神胜利法，充满大智慧和大胸怀、大气魄。初到海南的思索，在治愈了苏轼的同时，也在他的笔下化为一首长诗和一篇短文①，处处真情涌动，也闪着思想的光芒。

七月二日，苏轼到达儋州。真正开始在这里生活，他才知道为什么中原人将海南视为鬼门关，说十个人去了有九个都回不来。这里什么都没有，"食无肉，病无药，居无室，出

---

① 长诗题目为《行琼、儋间，肩舆坐睡。梦中得句云：千山动鳞甲，万谷酣笙钟。觉而遇清风急雨，戏作此数句》。短文题目为《试笔自书》，为苏轼到儋州后的九月十二日，与朋友饮酒后随笔写下。

无友，冬无炭，夏无寒泉……"有的只是潮湿闷热到让人窒息的空气和陌生的黎族人的面孔。

　　他租借官府的破屋居住，因旅途劳顿，身体很不好，没有熟识之人，语言也不通，便整日闭门在家枯坐。他在梦中回到惠州白鹤峰的家，醒后想起陶渊明有一首《还旧居》诗，便写下一首《和陶还旧居》，这是他到海南写下的第一首和陶诗。

　　　　痿人常念起，夫我岂忘归。
　　　　不敢梦故山，恐兴坟墓悲。
　　　　生世本暂寓，此身念念非。
　　　　鹅城亦何有，偶拾鹤毳遗。
　　　　穷鱼守故沼，聚沫犹相依。
　　　　大儿当门户，时节供丁推。

　　在这首诗中，他表达了对旧家和亲人的怀恋，但同时又说"生世本暂寓，此身念念非"，人生如寄，生命本身就是暂居世间，终有一日要离开，何必纠结执着？来来去去，都是造物主的安排，何处不可为家，何地不可安身立命呢？

　　正是这样的思想，让苏轼在经历了最初艰难的适应阶段以后，开始安下心来，决定将自己彻底融入当地生活。虽然他足够达观，但没有朋友、没有书读的日子，实在难熬。唯一的安慰，便是给弟弟写信。

一个雨天，苏轼独自用荷叶杯饮酒。他原本有很多精美的酒器，来海南前都已变卖，只剩这只荷叶杯。他自斟自饮，怀着对苏辙的思念，写下两首《和陶连雨独饮》诗。弟弟不在身边，友人、弟子也因为他受到牵连，如今陪伴他的，只有酒和诗。

其二

阿堵不解醉，谁欤此颓然。

误入无功乡，掉臂嵇阮间。

饮中八仙人，与我俱得仙。

渊明岂知道，醉语忽谈天。

偶见此物真，遂超天地先。

醉醒可还酒，此觉无所还。

清风洗徂暑，连雨催丰年。

床头伯雅君，此子可与言。

不久，一个人的到来给苏轼的生活带来了光亮。这个人就是新任昌化军使张中。张中进士出身，清廉正直，却不受朝廷重用。他非常尊敬苏轼，便常来拜访，时日久了，竟与苏过成了好友。张中与苏过都喜欢下棋，张中住得又近，几乎每天都要来和苏过对弈。苏轼棋艺不佳，闲来无事，坐在一边观棋，作《观棋》诗，其中有句："胜固欣然，败亦可喜。优哉游哉，聊复尔耳。"人生如棋，胜败都是体验，只须以快乐的心情享受过程就好。

　　予素不解棋，尝独游庐山白鹤观，观中人皆阖户昼寝，独闻棋声于古松流水之间，意欣然喜之，自尔欲学，然终不解也。儿子过乃粗能者，儋守张中日从之戏，予亦隅坐，竟日不以为厌也。

五老峰前，白鹤遗址。

长松荫庭，风日清美。

我时独游，不逢一士。

谁欤棋者？户外屦二。

不闻人声，时闻落子。

纹枰坐对，谁究此味？

空钩意钓，岂在鲂鲤。

小儿近道，剥啄信指。

胜固欣然，败亦可喜。

优哉游哉，聊复尔耳。

海南岛上，秋冬风雨连日，苏轼租住的官屋处处漏水，床上的帷帐竟因潮湿而腐烂。苏轼安之若素，他在《和陶怨诗》中说："如今破茅屋，一夕或三迁。风雨睡不知，黄叶满枕前。"以前住着华丽高屋，却不能安睡，如今住在风雨侵袭的茅屋，却能酣甜入眠。问题不在于住什么样的屋子，只在于你拥有何种心境。

　　张中不忍，派兵将苏轼住的破屋做了修补，总算能住得安适些了。但吃却还是个大问题。

　　在惠州还有羊骨能剔肉，在这里纯粹无肉可吃。苏辙在信中说自己的境况也差不多，苏轼回信开玩笑说，两个人都没有肉吃，日后兄弟见面，都变成清瘦的仙人了，可以一起骑黄鹤飞回故乡去。

　　无论怎样的处境，苏轼总有办法在可能的范围之内取悦自己。比如在儋州没有浴器沐浴，他就每晚用双手抚摩身体，谓之"干浴"。没有肉吃，就像在黄州发现猪肉的美味一样，苏轼在儋州发现了生蚝这一美食，他写信给儿子们说，一定要保密，不然人们都会跑来海南抢食这种美味。

　　海南岛上的人不种粮食，因此不要说肉，就连米面也要通过中原海运过去。遇上天气变化，海运中断，没有米面的日子，苏轼与苏过就煮菜和山芋吃，苏轼为此写下一篇《菜羹赋》。苏过煮的山芋羹，苏轼认为色香味皆绝，是人间至味。这是他的乐观，也是对儿子的体恤。

东坡先生卜居南山之下，服食器用，称家之有无。水陆之味，贫不能致，煮蔓菁、芦菔、苦荠而食之。其法不用醯酱，而有自然之味。盖易具而可常享，乃为之赋，辞曰：

嗟余生之褊迫，如脱兔其何因。殷诗肠之转雷，聊御饿而食陈。无刍豢以适口，荷邻蔬之见分。汲幽泉以揉濯，搏露叶与琼根。爨铏锜以膏油，泫融液而流津。

汤蒙蒙如松风，投糁豆而谐匀。覆陶瓯之穹崇，谢搅触之烦勤。屏醯酱之厚味，却椒桂之芳辛。水初耗而釜泣，火增壮而力均。滃嘈杂而麋溃，信净美而甘分。登盘盂而荐之，具匕箸而晨飧。助生肥于玉池，与吾鼎其齐珍。鄙易牙之效技，超傅说而策勋。沮彭尸之爽惑，调灶鬼之嫌嗔。嗟丘嫂其自隘，陋乐羊而匪人。先生心平而气和，故虽老而体胖。计余食之几何，固无患于长贫。忘口腹之为累，以不杀而成仁。窃比予于谁欤？葛天氏之遗民。

而到岛上遭遇大旱、真正绝粮之时，苏轼便和苏过一起练习道家的辟谷法，模仿乌龟的呼吸，吞咽口腔津液以抵抗饥饿。意念可以控制，身体却是诚实的。这个美食发明家，没有食材，能力无法施展，只好作《老饕赋》，用文字中的美食抚慰自己的胃。

自从结识了张中，苏轼的家里便开始有了客人，他在张中的引见下，也认识了一些当地的朋友，比如读书人黎子云、黎子明兄弟及老秀才符林。

黎子云兄弟的住处破败不堪，朋友们便提议大家出钱帮忙整修，苏轼也尽己所能捐出钱来，并为修好的房屋取名为"载酒堂"。这里成为他们的聚会之所，后来也成了苏轼的讲学之地。

一天，苏轼去黎子云家，回来途中突遇下雨，便借了当地人的斗笠和木屐穿戴起来，当地人从没见过他如此装束，觉得很是新奇，有人将他当时的样子画下来，作成一幅《东坡笠屐图》，流传至今。

这不是苏轼在儋州第一次被人围观。到儋州的第三个月，苏轼突发奇想，喝过可充美酒的椰汁之后，将椰壳交给苏过，指导儿子用椰壳制成了一顶帽子，苏轼当众试戴，一时传为美谈。苏过将这顶椰帽寄给叔叔苏辙，苏辙也觉得有趣，写了一首《椰子冠》诗，苏轼与苏过收到苏辙的诗后，也各写了一首《椰子冠》诗。苏轼的诗如下：

天教日饮欲全丝，美酒生林不待仪。
自漉疏巾邀醉客，更将空壳付冠师。

规模简古人争看，簪导轻安发不知。

更著短檐高屋帽，东坡何事不违时。

椰子冠让苏轼想起一些陈年往事。他在朝中得重用时，曾创制过一款高筒短檐帽，引得文人士子纷纷跟风模仿，称这款帽子为"子瞻帽"。不论岁月的风霜如何凌厉，热爱生活之人，总怀着对万事万物的热情与好奇，这也是苏轼诗心不灭的缘由所在。岁月老去，诗人永远年轻，永远热泪盈眶。

老秀才符林很有几分魏晋名士的旷逸之风，苏轼觉得和他喝酒非常痛快，大概因为他的天性中有几分与自己相近，就有如遇知音之感。

时日渐移，苏轼在当地朋友越来越多，生活也越来越自如。他常常在饮酒之后独自去串门，回来时又常常迷路，看着那些都长有翠竹青藤的小路，不知哪一条才是回家的路。他已经开始学习当地方言，向本土黎人问路，一时也说不清楚，只好记住一些特别的标志，比如哪里有牛粪、牛栏，等等。

孩子们喜欢跟着这个与众不同的老人，苏轼丝毫不觉得难堪。这些黎族的孩子，已经与苏轼熟识，他们常常用葱叶吹起口哨，表示对苏轼的迎送，苏轼也常常与他们逗乐玩耍。万里天涯，也自有其乐。

一次，苏轼背着一只大水瓢，在田野间边走边唱，一位七十岁的老妇人见了，对苏轼说："想想你当年任翰林学士的富贵，真是一场春梦啊！"苏轼觉得她说得很对，从此乡人就把这位老妇称作"春梦婆"。春梦婆是一个民间劳动妇女，但苏轼却对她十分赞赏和尊重。

苏轼将这些日常细碎的美好定格在了《被酒独行，遍至子云、威、徽、先觉四黎之舍三首》诗中。

其一

半醒半醉问诸黎，竹刺藤梢步步迷。

但寻牛矢觅归路，家在牛栏西复西。

其二

总角黎家三四童，口吹葱叶送迎翁。

莫作天涯万里意，溪边自有舞雩风。

其三

符老风情奈老何，朱颜减尽鬓丝多。

投梭每困东邻女，换扇惟逢春梦婆。

人就像一粒坚韧的种子，被风吹到哪里，就在哪里扎根、存活，不但要活下来，还要活得有美感、有趣味、有诗意、有温度。人生，就是在苦中觅那一点点甜，在地狱中寻天堂。对于苏轼来说，天堂只是披了地狱的外衣。

奇绝游历的句点

绍圣五年，宋哲宗改年号为元符，此年也称元符元年（1098）。三月，朝廷派有"刽子手"之称的悍吏董必巡察海南，这是对苏轼的进一步施压。

董必先到雷州，将苏辙改贬到惠州东北的循州①，又将曾礼遇苏辙、苏轼的雷州太守张逢免职。有人检举张中为苏轼修造官屋，本来董必打算严办此案，因手下亲信彭子民流泪劝告说"人人都有子孙"，最后董必派了一名使者前去，将苏轼赶出官屋，至于张中，则要等案件审理结束再做处置。

真正到了"居无室"的境地。苏轼只好在儋州城南的桄榔林里买了一块地，搭建了五间茅屋居住。虽是茅屋，修建起来也不易，幸而有十几位跟随他学习的学生以及朋友、邻

_____

① 辖境相当于今海南三亚市、乐东县等地，属广南西路。

居的帮助，屋子才顺利建成。这时已到五月。

因此屋建在桄榔林中，苏轼便将其命名为"桄榔庵"。总算不为住房问题烦心了，可为了建房钱已全部花光，接下来又要面对生计问题。人们都替苏轼担心，他自己却非常坦然。在给友人程天侔的信中，他写道："尚有此身，付与造物，听其运转，流行坎止，无不可者。"生命本是造物主赐予，再交付给造物主，任其安排，又有何不可，又有什么是不能接受的呢？所有困厄之中的遭遇，都微不足道，只须一笑而过。

虽说什么都可接受，心态旷达，但在现实中，苏轼绝不敷衍生活、委屈自己。他在桄榔庵边辟了菜园，每天认真地坚持做三件事：早晨在海风中洗脸梳头，中午在窗下盘腿而坐冥想打盹，晚上听着炉上沸水的声音泡脚、剪指甲。六十三岁的苏轼，垂暮之年，身陷困境，仍用每一件细小的事，表达对自身生命的敬畏和尊重。

在照顾好身体的同时，苏轼也没有让精神荒芜。修道参禅是日常功课，读书作文也不能懈怠。

初来儋州，无书可读，他就将《柳宗元集》和《陶渊明集》翻来覆去地读，就像守着两件仅有的宝贝。偶尔借来几本书，他就让苏过把书抄下来，留着以后细读。一次，他在写给朋友的信中说，苏过最近抄了一部《唐书》，又准备抄一部《前汉》，如果这两部书抄完，就是"穷儿暴富也，呵呵"。"暴富""呵呵"这样的网络热词，居然是苏轼首创。

后来，惠州的老朋友郑嘉会托人用船给苏轼送来一千卷书，苏轼的欣喜如久旱之人遇见甘霖。这些宝书，苏轼并没有私藏，在朋友们的帮助下，他将这些书分类整理，编好书目，借给喜爱读书的汉族、黎族子弟，相当于开设了一座公共图书馆。

读书之外，苏轼的笔也没有停下。海南无好墨，他便自己制墨。一次墨灶失火，差点烧了桄榔庵，惊险之余，苏轼却很满足，制得许多好墨，自己都用不完，想送人却又不知送谁。

和陶诗一直在写，他与陶渊明的灵魂对话一直在持续。诗词文赋，于此时的苏轼来说，只是生命感受和心灵思绪的自然流露——其实他一向如此，他还有更重大的使命待完成，那就是传统文化精髓的传承。

在桄榔林的茅屋中，在物质极度的贫乏中，苏轼沉入文化深海，忘却一切，完成了《易传》和《论语说》的最终定稿，又写成了《书传》。如果说当初写《易传》的缘起，是父亲的遗命，那么后来《论语说》和《书传》的写作，则完全出于自觉，他愿意做一座桥，沟通过去与未来，让先人那些闪光的思想照亮后人的心。

在苏轼心里，这三部书的分量，超过一切。轻抚这三部书稿，他觉得此生没有虚度，人间值得，其他的都微不足道。然而，后世更喜爱的，却是他的诗词文赋，他倾尽心血完成的这三部学术著作，并没有激起太大浪花。若他有知，也不必为此遗憾，一定还有人细读那些文字，中华文脉的接续，他仍功不可没。

　　在海南这片土地上，苏轼留下了太多太多。可以说，正是因为苏轼的到来，文明之光才开始照耀海南。

　　在海南，苏轼看见到处是荒地，人们不耕种，只依靠树木所产香料谋生，粮食全靠中原供给，这才造成常常缺米少面的现象，他写下《和陶劝农六首》，劝人们勤于耕种、改善生活，还教给人们耕种方法，引导人们赓续农耕传统。

　　海南当时属于蒙昧之地，人们生病不吃药，只杀牛祭神，结果往往人、牛都丧失生命，苏轼特地书写柳宗元的《牛赋》，提醒人们善待生命，重视医药，珍惜耕牛，他尽己所能贡献药方、采集药材，甚至不远万里托中原友人寄药，帮助人们医治。

　　海南还有一个奇怪的现象，这里的家庭，不是男主外、女主内，往往是男子无所事事，女子却承担起打柴、挖地等所有的体力劳动，苏轼为此书写了一首杜甫的诗，期望能改变这种不良习俗。

为了让人们饮用上干净的水，苏轼还发动朋友们合力打了一口深井，近千年过去，这口井依然在一个名叫坡井村的地方，滋养着海南人民。

　　由于不够重视，海南当时的文化教育非常落后，读书人很少。苏轼与当地文士的交游引起关注后，一些渴求知识的年轻人开始集结在他身边，他在载酒堂为他们义务讲学，俨然一个和蔼可亲、认真负责的教书先生。后来，不但有儋州的人来当他的学生，海南其他三州，甚至远在广州的学子，也前来求学。其中有一个琼州青年姜唐佐，后来成了海南史上第一位进士。

　　海南消息闭塞，直到元符元年（1098）七月，苏轼才得知苏辙被再贬循州，那里也是一个荒凉贫苦之地。苏迈在信中告诉苏轼，苏辙去循州时曾路过惠州，将家眷留在白鹤峰，自己只带了最小的儿子苏远前行。八月，苏辙已到循州，但因交通不便，苏轼直到九月还没有收到他的信，心中担忧，不得已只好不时去求签问卦，直到互通音信才安心。

　　岁月不居，时节如流，转眼已是元符二年（1099）。二月，朝廷宣布将张中予以免职。本应三月离开儋州，张中舍不得苏轼父子，硬是拖到了这年年底。走前，张中与苏轼彻夜倾谈。苏轼写了三首送别诗给张中，"恐无再见日，笑谈来生因"，"汝去莫相怜，我生本无依"，"独来向我说，愤懑当奚宣"……张中与苏轼萍水相逢，却成了莫逆之交。张中的怀才不遇，只有苏轼懂，苏轼让张中不必担心自己，山长水阔，此一别恐只能来生再见，只有各自珍重。

倏忽又是一年，元符三年（1100）正月，朝堂再起震荡。二十五岁的哲宗驾崩，因为没有子嗣，由其弟赵佶继位，是为宋徽宗。新皇登基，大赦天下，元祐旧臣也在被赦之列。朝廷诏命苏轼，授琼州别驾①，廉州（今广西合浦）安置。

确定将北归，苏轼写下最后一首和陶诗《和陶始作镇军参军经曲阿》。此前在惠州两年时间，他已写了一百零九首和陶诗，到儋州后共写了十二首。至此，一百二十四首和陶诗全部写完。他可以心无挂碍地离开了。

六月二十日，苏轼登舟离开海南。到过的每一片土地，他都全情投入与交付，别时自是惆怅难舍。入夜，明月破云而出，朗照乾坤，海天碧澄一色，海浪如奏古乐。苏轼回想在儋州这三年，感慨万端，凄风苦雨终会过去，天总会晴，被命运投置到海南荒地，九死一生，但他无怨无恨，此番劫难也可看作一番奇绝的游历，此生不枉也。

思绪纷纭中，苏轼写下一首诗《六月二十日夜渡海》：

---

① 别驾，古代官名，全称为别驾从事史，亦称别驾从事，相当于地方长官的副手。

参横斗转欲三更，苦雨终风也解晴。

云散月明谁点缀，天容海色本澄清。

空余鲁叟乘桴意，粗识轩辕奏乐声。

九死南荒吾不恨，兹游奇绝冠平生。

这首诗，是苏轼为这次海南奇绝的游历画下的句点。

无我："苏海"潮音

好容易遇赦北归，苏轼的生命却在常州戛然而止。我们该为他悲伤愤懑吗？那或许违背了他的本心。只须见识苏轼在最后时刻的通透与清醒，便会懂他更深。他的精神世界是一片深而广的海，他留下的精神遗产更是。这片姓苏的海，至今仍波光闪烁，潮音阵阵，涤荡和提振着世人的心魂。

纠结又病痛的旅程

　　元符三年（1100）六月二十一日，苏轼乘舟穿过琼州海峡来到徐闻，按约定与秦观相见。

　　此前，受苏轼牵连，苏门四学士均遭贬谪。黄庭坚、晁补之、张耒的贬谪之地都在岭北，只有秦观被贬到了岭南雷州。师生两人在徐闻见面后，同行至雷州。朝廷又下令秦观往衡州（今湖南衡阳）任职，苏轼仍往廉州去。离别之际，敏感细腻的秦观作自挽之词赠苏轼，苏轼回应说自己也悄悄写了一篇墓志铭，没敢让苏过看见。

　　一语成谶。在他们分别后不久，八月十二日，秦观在北行至藤州时病逝，年仅五十二岁。苏轼则历尽艰险于七月四日到达廉州贬所，八月又得诏令：授舒州（治所在今安徽潜山）团练副使，永州（今湖南永州）安置。听到秦观逝世的消息时，苏轼正在赶往永州途中。整整两天，他悲痛得吃不下饭。等他绕道赶到藤州祭奠时，才得知秦观的灵柩已于半个月前送走。

按此前约定，苏迈和苏迨来到广州，与苏轼、苏过会合。一家人近七年没有团聚，诉说别后种种，恍如隔世。正当苏轼带着一家三十多口人奔赴永州时，十一月中旬，朝廷再下新的诏命：苏轼复朝奉郎，提举成都府玉局观①，外军州任便居住。这意味着苏轼以后可以领一份七品官的俸禄，也可以随意选择居住之地。

欣喜之余，究竟定居何处，苏轼一时难以决断，只带领家人继续前行。

日子在旅途的颠簸中过去，又是新的一年。建中靖国元年（1101）元宵节前夕，苏轼一家到达虔州，因赣江干涸，无法行船，只好滞留等待。想起父亲苏洵当年曾对他和弟弟讲起虔州之游，苏轼趁便做一探访，又不免生出诸多感慨。

静下来后，苏轼开始思考离开虔州后的去向，也就是在何处定居的问题。是去颍昌（今河南许昌）与弟弟苏辙同住，还是去常州、舒州、仪真或者杭州？

去颍昌固然好，可实现多少年心心念念的"夜雨对床"

---

① 宋代在成都设玉局观，设提举官职。提举为祠禄官，只享受俸禄，没有实事可干。

之约，与弟弟相伴终老。但苏轼深知自己经济窘迫，苏辙也不宽裕，如此拖家带口前去投奔，必会增加弟弟的负担。

再三权衡之下，还是常州最为合适。此前曾在那里生活，田产还有，只要再置买房产即可。虔州太守霍汉英告诉苏轼常州东门外裴氏的宅子要卖，苏轼立刻写信托常州友人钱世雄去打问，只等回音。

三月中旬，苏轼听到一个消息：章惇此前已被贬往雷州。他立刻写信给章惇的外甥黄师是，真诚地表达对章惇的关心与问候，也宽慰章惇母亲。换作别人，大概会为此幸灾乐祸，但苏轼似乎完全忘记了章惇对自己做过的事，只记得他们曾是好友。

在虔州滞留两个多月后，苏轼一家终于得以乘船离开。五月到达金陵时，苏轼收到钱世雄的回信，信中说他已帮忙借到常州顾塘桥孙氏的房屋，大概买房一时还难以如愿。

苏辙此前曾写信力邀苏轼前往颍昌，见自己无论怎么说哥哥都不答应，便一再托李之仪等人来相劝。苏轼实在无法拒绝弟弟的一番心意，只好答应下来。去向已定，苏轼与儿子们商议，自己与苏过先在仪真等待，由苏迈、苏迨先回宜兴，变卖田产之后再将苏迨的妻儿接来。

按计划，苏轼七月便可到颍昌与苏辙见面。谁承想朝中政局再起波澜，曾布怂恿赵挺之，又开始排挤元祐旧臣。听闻此消息，苏轼便下定决心定居常州，不再前往颍昌。只因颍昌离京城太近，苏轼不想再沾染政坛的是是非非。

在仪真，苏轼与家人就住在船上。五月的江南，天气已炎热难耐。白天，骄阳将竹制船篷晒得滚烫；夜晚，暑气在水面蒸腾而起，更加潮闷不堪。苏轼无法入眠，每夜都在露天地坐一个通宵，又因为要降温解渴，就喝下大量冷饮。

苏轼一直注重养生，身体颇为康健。但几个月以来的旅途奔波，对一个老人的身体还是造成了很大的消耗与摧残。此前在途中，他也曾小病过，幸而没有大碍，但这一次有些不同。

六月初三夜里，苏轼剧烈腹泻，天亮才止。后瘴毒又发，仍剧烈腹泻，无法进食睡眠，只好通宵端坐喂蚊子。苏轼吩咐将船停在有活水通风之处，但病情并未见轻。苏轼自知情况不妙，便写信给苏辙，留遗嘱说："我死之后，将我葬在嵩山之下，你再为我写墓志铭。"苏辙接信心如刀割，眼见着团聚成了不期然的永诀！

苏过一直陪侍苏轼左右，寸步不离。也许是儿子的精心照顾，再加上环境的改善，苏轼的病情渐渐轻了些，到六月十一日这天已能勉强拄杖行走。行旅于是继续，在京口，苏轼收到一封长信，是章惇的儿子章援所写。朝中传言苏轼将要拜相，章援担心苏轼回朝会报复父亲，就写信请求谅解。

其实，章援当时也在京口，他曾是苏轼的学生，只因心中怀着愧惧，不敢来见。

苏轼带病起身，亲笔写了回信。他在信中说，自己与章惇相交四十多年，其间虽有不同的主张，但交情并未减损，过去的事不必多提。对于章惇晚年被贬荒地，苏轼以过来人的身份表达了真诚深挚的理解和共情，他还不惜以大量笔墨，非常细致耐心地请章援转告章惇养生保健之法。

在苏轼心中，天下无一个不是好人，就连章惇这样的人，他也恨不起来。他看透、理解了人性，也就能够接受一切施于自己的种种，好与坏，善与恶，似乎分别并不大。他不是圣人，只是发自本心，愿意放过他人，也放过自己。当你遇到有人非难时，只须想想他人的局限性，想想他（她）也正在受苦，便会得到宽解。

不知章惇读到这封回信时是怎样的心情？当年他不顾一切欲置苏轼于死地，而苏轼却在他落难时，在信中介绍药方，劝他好好保重身体。人格高下的评判，原有一把无形的尺，悬浮在天地人心之间。

其实，章援的担心是多余的。病中的苏轼已绝了仕进之心，退休的申请也已得到朝廷批准，他此时最希望的是，能够继续好好活着，多看看这个可爱的世界。

最后的清醒与了悟

　　六月十五日这一天，常州城外挤满了围观的民众，他们都在等待苏轼的船到来。人们看见苏轼坐在船中，有些许憔悴，但仍风神卓然。钱世雄赶来迎接，苏轼一见他，就将在海南写成的《易传》《论语说》《书传》三部书稿交给老友，是托付后事的意思。钱世雄劝他先好好休息。苏轼和苏过入住钱世雄此前为他们租好的顾塘桥的孙宅（今常州市内延陵西路的"藤花旧馆"遗址）中。

　　此后，钱世雄每天都来看望苏轼，如果有一天不来，苏轼就会让人去请。他们在一起谈至兴浓时，苏轼的精神就会好一些。钱世雄多希望他就这样慢慢好起来，然而，一个多月过去，苏轼的病仍未痊愈。七月十二日，苏轼感觉病情好了很多，起床为钱世雄写了两幅字。

大家见状都欣喜不已，以为这是病愈的前兆。不料，十四日晚，苏轼的病情突然恶化，高烧一夜不退，牙齿出血不止，身体极度疲惫。苏轼为自己诊治，认为是热毒过深，需用凉药，于是停了其他药，只喝人参、茯苓、麦门冬煮成的浓汁。谁知此药不但无效，反而令病情更重，苏轼已无法平躺，日夜只能睡在朋友送来的"懒版"^①上。

　　苏迈、苏迨此时早已来到父亲身边。十八日，苏轼将三个儿子叫到床边，平静地对他们说："我这一辈子没有作恶，死了想必不会下地狱，到时候你们不要哭，让我安静坦然地离开吧。"熟读《庄子》和《易经》，他深知生死不过是生命形式的转化，都是天地万物自然运化的一部分，因此不值得恐惧和悲伤，也正如他的精神偶像陶渊明在诗中所写："纵浪大化中，不喜亦不惧。应尽便须尽，无复独多虑。"

　　两三天后，感觉稍好一点，苏轼挣扎着下床走了几步，但病仍未有起色。二十三日，苏轼看到杭州径山寺维琳长老的名帖，才知道维琳居然冒着酷暑长途跋涉来探病。这一生，他珍视友情，也得友情馈赠甚多。这份暖意，是生命力量的重要支流之一。他立刻给维琳长老写信，邀其前来相对卧谈。

　　二十五日，他又给维琳长老写了一封信，信中说：我投

---

①　懒版，一种木制的靠背，有支架，撑开可放在床榻上供人半躺，类似于现在的躺椅。

荒在万里海南没有死，北归后正准备退休归隐田园，却不料一病不起。生死不过是细小的变故，请不要为我悲伤，只愿你为佛法、为众生珍重自己。

二十六日，维琳长老前来为苏轼诵读佛家偈语，以祛病祈福。苏轼挣扎起身，书写偈语作答："与君皆丙子，各已三万日。一日一千偈，电往那容诘。大患缘有身，无身则无疾。平生笑罗什，神咒真浪出！"

苏轼说自己在世上已活了近三万天，如果每天都诵经千遍，将是多么虔诚的祈祷，也许能够祈来恩典与福祉，然而逝去的日子已无法追回。正因为肉体的存在才有病痛，一旦肉体消亡，病痛也就消失了。这些维琳长老都懂，只是最后一句"平生笑罗什，神咒真浪出"，维琳长老不解。

苏轼此时已不能说很长的话，他用笔解释道，南北朝时期，天竺高僧鸠摩罗什病危之际，曾口诵三道神咒让弟子们诵读，最终还是病故了。他的意思是说，诵经祈福并不能真正挽救生命，只有参破生死方能得大自在、大解脱。

这几句回答维琳长老的偈语，是苏轼留在世间最后的文字。

二十八日，苏轼进入弥留状态。维琳长老在苏轼耳边大声说："端明宜勿忘西方！"意思是说，你要记得去往西方极乐世界啊！苏轼神志依然清楚，他翕动嘴唇，喃喃答道："西方不无，但个里着力不得！"西方极乐世界可能有，但这个无法强求啊！

钱世雄也在苏轼耳边大声说："固先生平时履践至此，更须着力！"先生你本来一直就在修行，现在更要努力去往极乐世界啊！苏轼又喃喃地回应道："着力即差！"在最后时刻，苏轼依然清醒，有着独立的思想。他认为生死须顺其自然，至于死后去往哪里，也要顺其自然，西方极乐世界并非用力就能到达，人真正的至乐之境就在于己心的了悟。

苏迈流泪上前询问后事，苏轼没有作答。他安静地躺着，永远地离开了这让他苦过、乐过又无比贪恋的人世间。

来自大化，归于大化。最终，依苏轼遗愿，他与闰之合葬在河南郏县的小峨眉山下。十年后，苏辙也长眠在他的身旁。后人在两兄弟墓旁，为苏洵建了衣冠冢。父子三人从此相依相伴。

苏轼是中国文化艺术史上千年难遇的天才、奇才、全才，更被千百年后的人公认为"人类灵魂的工程师"，是永不过气的全民偶像。

一颗巨星陨落，幻化成大地上一条永远流动的星河，星河随着岁月流逝汇成一片深而广的海——苏海。

后世每个接近或者进入这片海的人，都能够得到灵魂的烛照。苏轼一直被人们深深地记得、喜爱，他没有离去，他与你我同在，与世界同在，永远。

附录

苏东坡年表

景祐四年（1037年），两岁：

景祐三年（1036年）农历十二月十九日（公元1037年1月8日），苏轼生于四川眉山。祖父苏序，父亲苏洵，母亲程氏。

宝元元年（1038年），三岁：

其兄景先卒。

宝元二年（1039年），四岁：

其弟苏辙出生，字子由。

庆历二年（1042年），七岁：

苏轼开始读书，知欧阳修、范仲淹文名。

庆历三年（1043年），八岁：

入乡校，以道士张易简为师。范仲淹为参知政事，富弼、韩琦为枢密副使，欧阳修等为谏官，推行"新政"，史称"庆历新政"。

庆历四年（1044年），九岁：

续从张易简读书。是年，范仲淹、富弼等离朝出任地方官，"庆历新政"失败。

皇祐四年（1052年），十七岁：

与刘仲达往来于眉山。是年，范仲淹卒。

至和元年（1054年），十九岁：

娶青神进士王方之女王弗为妻，此年王弗十六岁。

至和二年（1055年），二十岁：

游成都，谒张方平。

嘉祐元年（1056年），二十一岁：

与父亲苏洵、弟弟苏辙一同赴京应试。五月，抵京。八月，应开封府解试，中选。

嘉祐二年（1057年），二十二岁：

苏轼兄弟进士及第，仁宗视为"太平宰相"候选人。四月，母亲程氏卒于眉山，父子三人回蜀奔丧。应礼部试时，写《省试刑赏忠厚之至论》。

嘉祐四年（1059年），二十四岁：

丁忧结束，与父亲、弟弟携家眷乘船出三峡，过鄂入京，途中所作诗文集为《南行集》，苏轼自作序。作诗《江上看山》。长子苏迈出生。

嘉祐五年（1060年），二十五岁：

苏轼授河南府福昌县主簿，弟辙授渑池县主簿，俱未赴任。苏洵除试校书郎。

嘉祐六年（1061年），二十六岁：

经欧阳修推荐，与弟苏辙一起参加制科考试，献《进策》《进论》各二十五篇，系统地阐述了自己的政治主张。应制科试，入三等。赴凤翔府任签判。

嘉祐七年（1062年），二十七岁：

任凤翔府签判。作诗《东湖》《别岁》等。

嘉祐八年（1063年），二十八岁：

宋仁宗崩，宋英宗即位，苏轼仍在凤翔任上。作词《南歌子·寓意》。

治平元年（1064年），二十九岁：

十二月，罢凤翔任，赴长安，游骊山，在华阴度岁。

治平二年（1065年），三十岁：

正月，苏轼回到京城。二月，召试秘阁，除直史馆，负责编修国史。五月，妻王弗卒。

治平三年（1066年），三十一岁：

四月父苏洵卒，与弟弟苏辙护父丧返川。

治平四年（1067年），三十二岁：

在川居丧。此年正月，宋英宗崩，神宗继位。

宋神宗熙宁元年（1068年），三十三岁：

七月，父丧期满。续娶王弗堂妹王闰之。

熙宁二年（1069年），三十四岁：

自蜀还京。王安石执政，推行新法。五月，上《议学校贡举状》，反对王安石变科举、兴学校，得神宗召对。

熙宁三年（1070年），三十五岁：

再《上神宗皇帝书》，论新法不可行，屡屡触犯王安石。弟弟苏辙赴陈州教授任。次子苏迨出生。

熙宁四年（1071年），三十六岁：

六月，欧阳修致仕。苏轼因与王安石不和，自请外任，奉命通判杭州。七月，至陈州，与弟弟苏辙会晤。九月，与弟弟苏辙赴颍州拜谒欧阳修，十一月到杭州上任。

熙宁五年（1072年），三十七岁：

通判杭州。三子苏过出生。七月，欧阳修卒。作《六月二十七日望湖楼醉书五首》《汤村开运盐河雨中督役》《吴中田妇叹》等诗。

熙宁六年（1073年），三十八岁：

通判杭州。作《饮湖上初晴后雨》《於潜僧绿筠轩》等诗。

熙宁七年（1074年），三十九岁：

杭州任期将满，因弟弟苏辙任齐州掌书记，请求出任密州知州。离杭前，王朝云始入苏家，年才十二。作《少年游·去年相送》《虞美人·有美堂赠述古》《南乡子·送述古》等词。

熙宁八年（1075年），四十岁：

任密州知州。作《江城子·乙卯正月二十日夜记梦》悼念亡妻王弗。另作《蝶恋花·密州上元》《江城子·密州出猎》等词。

熙宁九年（1076年），四十一岁：

知密州。十二月，以祠部员外郎直史馆移知河中府，离密赴任。苏辙罢齐州掌书记，回京，上论时事书。作《望江南·超然台作》《水调歌头·丙辰中秋》等词。

熙宁十年（1077年），四十二岁：

二月，苏辙自京师来迎，同赴京师。抵陈桥驿，改知徐州。

元丰二年（1079年），四十四岁：

知徐州。三月，改知湖州。四月到湖州任所，被控以文字谤讪朝廷，七月被捕，十二月结案出狱，贬为黄州团练副使。史称"乌台诗案"。在狱中作《狱中寄子由二首》等诗。

元丰三年（1080年），四十五岁：

到达黄州贬所，初居定惠院，后迁至临皋亭。作《初到黄州》诗，作《江城子·梦中了了醉中醒》《西江月·世事一场大梦》等词。

元丰四年（1081年），四十六岁：

贬官在黄州。故友马正卿为苏轼请得城东的营防废地数十亩，苏轼躬耕其中，是为东坡。

元丰五年（1082年），四十七岁：

贬官在黄州。在东坡筑雪堂，自号东坡居士。作《定风波·莫听穿林打叶声》《浣溪沙·游蕲水清泉寺》《念奴娇·中秋》等词。游赤壁，作《念奴娇·赤壁怀古》、前后《赤壁赋》。

元丰六年（1083年），四十八岁：

贬官在黄州。九月，朝云生子苏遁。作《洗儿诗》。十月，作《记承天寺夜游》。

元丰七年（1084年），四十九岁：

迁汝州团练副使。五月，过筠州与弟弟苏辙一聚。七月，抵金陵，访王安石。作《题西林壁》《春日》等诗，作《石钟山记》。

元丰八年（1085年），五十岁：

神宗崩，哲宗即位，太皇太后高氏垂帘听政，司马光辅政。苏轼复朝奉郎，知登州，旋召为礼部郎中。与司马光论役法，意见不合。除起居舍人。同年，苏辙被召为右司谏。

元祐元年（1086年），五十一岁：

时司马光主政，废除"新法"，贬斥新党，史称"元祐更化"。在京师，苏轼任翰林学士知制诰。四月，王安石卒。九月，司马光卒。

元祐二年（1087年），五十二岁：

在京师为翰林学士知制诰。

元祐三年（1088年），五十三岁：

仍在京师为翰林学士知制诰、兼侍读，权知礼部贡举。

元祐四年（1089年），五十四岁：

自请外任，三月以龙图阁学士任杭州知州。四月出京，五月过南都，谒张方平。七月，到杭州任所。

元祐五年（1090年），五十五岁：

任杭州知州，疏浚西湖，筑长堤，杭人称为"苏堤"。作《赠刘景文》诗、《蝶恋花·泛泛东风初破五》词。

元祐六年（1091年），五十六岁：

三月，召还京师，任翰林学士承旨知制诰，八月出任颍州知州。九月，上《论八丈沟不可开状》，阻止了这一劳民伤财工程的开启。

元祐七年（1092年），五十七岁：

在颍州任，二月移知扬州，九月以兵部尚书兼侍读召还，十一月迁礼部尚书。作《和陶饮酒二十首》，是为和陶诗之始。

元祐八年（1093年），五十八岁：

在京师任礼部尚书。八月，妻王闰之卒。九月，太皇太后高氏崩，哲宗亲政，任定州知州。十月，到定州任所。

绍圣元年（1094）甲戌　五十九岁：

知定州。四月以讽斥先朝罪贬英州知州，未至，再贬宁远军节度副使惠州安置，三子苏过与妾朝云同行。六月，以讥斥先朝的罪名再贬惠州。十月，到达惠州贬所。

绍圣二年（1095年），六十岁：

贬官在惠州。作《荔枝叹》，揭露当时社会争新买宠、竞献荔枝的丑态，鞭笞封建统治者的荒淫无耻。

绍圣三年（1096年），六十一岁：

仍在惠州。七月，侍妾王朝云病卒。作《悼朝云》诗。

绍圣四年（1097年），六十二岁：

二月，长子苏迈来惠州探望。五月，责授琼州别驾昌化军安置。置家惠州，独与三子苏过渡海，赴海南儋州贬所。

元符元年（1098年），六十三岁：

贬官在儋州。筑室，名桄榔庵。是年，苏辙自雷州移循州。

元符二年（1099年），六十四岁：

仍在儋州。与当地书生、黎民游。

元符三年（1100年），六十五岁：

哲宗崩，徽宗即位。六月，渡海北归。八月，秦观卒。著《志林》，未完稿。

建中靖国元年（1101年），六十六岁：

正月，度岭北归，抵虔州。至常州，病甚，上表告老，以本官致仕。七月二十八日，卒于常州。

词、诗、文集选

词

南歌子·寓意

雨暗初疑夜，风回忽报晴。淡云斜照着山明，细草软沙溪路马蹄轻。

卯酒醒还困，仙村梦不成。蓝桥何处觅云英？只有多情流水伴人行。

浪淘沙·探春

昨日出东城，试探春情。墙头红杏暗如倾。槛内群芳芽未吐，早已回春。

绮陌敛香尘，雪霁前村。东君用意不辞辛。料想春光先到处，吹绽梅英。

江城子 · 江景

湖上与张先同赋，时闻弹筝。

凤凰山下雨初晴。水风清，晚霞明。一朵芙蕖，开过尚盈盈。何处飞来双白鹭，如有意，慕娉婷。

忽闻江上弄哀筝。苦含情，遣谁听？烟敛云收，依约是湘灵。欲待曲终寻问取，人不见，数峰青。

行香子 · 过七里滩

一叶舟轻，双桨鸿惊。水天清影湛波平。鱼翻藻鉴，鹭点烟汀。过沙溪急，霜溪冷，月溪明。

重重似画，曲曲如屏。算当年虚老严陵。君臣一梦，今古空名。但远山长，云山乱，晓山青。

少年游 · 去年相送

去年相送，余杭门外，飞雪似杨花。今年春尽，杨花似雪，犹不见还家。

对酒卷帘邀明月，风露透窗纱。恰似嫦娥怜双燕，分明照、画梁斜。

虞美人 · 有美堂赠述古

湖山信是东南美，一望须千里。使君能得几回来？便使樽前醉倒更徘徊。

沙河塘里灯初上，《水调》谁家唱？夜阑风静欲归时，惟有一江明月碧琉璃。

南乡子 · 送述古

回首乱山横，不见居人只见城。谁似临平山上塔，亭亭，迎客西来送客行。

归路晚风清，一枕初寒梦不成。今夜残灯斜照处，荧荧，秋雨晴时泪不晴。

南乡子 · 和杨元素时移守密州

东武望余杭，云海天涯两杳茫。何日功成名遂了，还乡，醉笑陪公三万场。

不用诉离觞，痛饮从来别有肠。今夜送归灯火冷，河塘，堕泪羊公却姓杨。

蝶恋花 · 密州上元

灯火钱塘三五夜，明月如霜，照见人如画。帐底吹笙香吐麝，更无一点尘随马。

寂寞山城人老也！击鼓吹箫，乍入农桑社。火冷灯稀霜露下，昏昏雪意云垂野。

江城子·乙卯正月二十日夜记梦

十年生死两茫茫。不思量，自难忘。千里孤坟，无处话凄凉。纵使相逢应不识，尘满面，鬓如霜。

夜来幽梦忽还乡。小轩窗，正梳妆。相顾无言，惟有泪千行。料得年年肠断处，明月夜，短松冈。

江城子·密州出猎

老夫聊发少年狂，左牵黄，右擎苍，锦帽貂裘，千骑卷平冈。为报倾城随太守，亲射虎，看孙郎。

酒酣胸胆尚开张。鬓微霜，又何妨！持节云中，何日遣冯唐？会挽雕弓如满月，西北望，射天狼。

望江南·超然台作

春未老，风细柳斜斜。试上超然台上看，半壕春水一城花。烟雨暗千家。

寒食后，酒醒却咨嗟。休对故人思故国，且将新火试新茶。诗酒趁年华。

水调歌头·丙辰中秋

丙辰中秋，欢饮达旦，大醉，作此篇，兼怀子由。

明月几时有？把酒问青天。不知天上宫阙，今夕是何年。我欲乘风归去，又恐琼楼玉宇，高处不胜寒。起舞弄清影，何似在人间。

转朱阁，低绮户，照无眠。不应有恨，何事长向别时圆？人有悲欢离合，月有阴晴圆缺，此事古难全。但愿人长久，千里共婵娟。

洞仙歌·咏柳

江南腊尽，早梅花开后，分付新春与垂柳。细腰肢自有入格风流，仍更是、骨体清英雅秀。

永丰坊那畔，尽日无人，惟见金丝弄晴昼。断肠是飞絮时，绿叶成阴，无个事、一成消瘦。又莫是东风逐君来，便吹散眉间一点春皱。

浣溪沙·簌簌衣巾落枣花

簌簌衣巾落枣花，村南村北响缫车。牛衣古柳卖黄瓜。

酒困路长惟欲睡，日高人渴漫思茶。敲门试问野人家。

浣溪沙·麻叶层层檾叶光

麻叶层层檾叶光，谁家煮茧一村香。隔篱娇语络丝娘。

垂白杖藜抬醉眼，捋青捣麨软饥肠。问言豆叶几时黄。

西江月·平山堂

三过平山堂下，半生弹指声中。十年不见老仙翁，壁上龙蛇飞动。

欲吊文章太守，仍歌杨柳春风。休言万事转头空，未转头时皆梦。

江城子·梦中了了醉中醒

陶渊明以正月五日游斜川，临流班坐，顾瞻南阜，爱曾城之独秀，乃作斜川诗，至今使人想见其处。元丰壬戌之春，余躬耕于东坡，筑雪堂居之，南挹四望亭之后丘，西控北山之微泉，慨然而叹，此亦斜川之游也。乃作长短句，以《江城子》歌之。

梦中了了醉中醒。只渊明，是前生。走遍人间，依旧却躬耕。昨夜东坡春雨足，乌鹊喜，报新晴。

雪堂西畔暗泉鸣。北山倾，小溪横。南望亭丘，孤秀耸曾城。都是斜川当日境，吾老矣，寄余龄。

西江月 · 黄州中秋

世事一场大梦，人生几度秋凉？夜来风叶已鸣廊。看取眉头鬓上。

酒贱常愁客少，月明多被云妨。中秋谁与共孤光。把盏凄然北望。

水龙吟 · 次韵章质夫杨花词

似花还似非花，也无人惜从教坠。抛家傍路，思量却是，无情有思。萦损柔肠，困酣娇眼，欲开还闭。梦随风万里，寻郎去处，又还被、莺呼起。

不恨此花飞尽，恨西园、落红难缀。晓来雨过，遗踪何在？一池萍碎。春色三分，二分尘土，一分流水。细看来，不是杨花，点点是离人泪。

定风波 · 莫听穿林打叶声

莫听穿林打叶声，何妨吟啸且徐行。竹杖芒鞋轻胜马，谁怕？一蓑烟雨任平生。

料峭春风吹酒醒，微冷，山头斜照却相迎。回首向来萧瑟处，归去，也无风雨也无晴。

浣溪沙·游蕲水清泉寺

游蕲水清泉寺，寺临兰溪，溪水西流。

山下兰芽短浸溪，松间沙路净无泥，潇潇暮雨子规啼。
谁道人生无再少？门前流水尚能西！休将白发唱黄鸡。

洞仙歌·冰肌玉骨

仆七岁时，见眉州老尼，姓朱，忘其名，年九十岁。自
言尝随其师入蜀主孟昶宫中，一日大热，蜀主与花蕊夫人夜
避暑纳凉摩诃池上，作一词，朱具能记之。今四十年，朱已
死久矣，人无知此词者，但记其首两句，暇日寻味，岂《洞
仙歌令》乎？乃为足之云。

冰肌玉骨，自清凉无汗。水殿风来暗香满。绣帘开，一
点明月窥人，人未寝，欹枕钗横鬓乱。
起来携素手，庭户无声，时见疏星渡河汉。试问夜如
何？夜已三更，金波淡，玉绳低转。但屈指、西风几时来，
又不道流年，暗中偷换。

念奴娇·中秋

凭高眺远，见长空万里，云无留迹。桂魄飞来光射处，

冷浸一天秋碧。玉宇琼楼，乘鸾来去，人在清凉国。江山如画，望中烟树历历。

我醉拍手狂歌，举杯邀月，对影成三客。起舞徘徊风露下，今夕不知何夕。便欲乘风，翻然归去，何用骑鹏翼。水晶宫里，一声吹断横笛。

南乡子·重九涵辉楼呈徐君猷

霜降水痕收，浅碧鳞鳞露远洲。酒力渐消风力软，飕飕，破帽多情却恋头。

佳节若为酬？但把清尊断送秋。万事到头都是梦，休休，明日黄花蝶也愁。

念奴娇·赤壁怀古

大江东去，浪淘尽，千古风流人物。故垒西边，人道是，三国周郎赤壁。乱石穿空，惊涛拍岸，卷起千堆雪。江山如画，一时多少豪杰。

遥想公瑾当年，小乔初嫁了，雄姿英发。羽扇纶巾，谈笑间，樯橹灰飞烟灭。故国神游，多情应笑我，早生华发。人生如梦，一尊还酹江月。

临江仙·夜归临皋

夜饮东坡醒复醉，归来仿佛三更。家童鼻息已雷鸣。敲门都不应，倚杖听江声。

长恨此身非我有，何时忘却营营。夜阑风静縠纹平。小舟从此逝，江海寄余生。

卜算子·黄州定惠院寓居作

缺月挂疏桐，漏断人初静。时见幽人独往来，缥缈孤鸿影。

惊起却回头，有恨无人省。拣尽寒枝不肯栖，寂寞沙洲冷。

水调歌头·快哉亭作

落日绣帘卷，亭下水连空。知君为我新作，窗户湿青红。长记平山堂上，欹枕江南烟雨，杳杳没孤鸿。认得醉翁语，山色有无中。

一千顷，都镜净，倒碧峰。忽然浪起，掀舞一叶白头翁。堪笑兰台公子，未解庄生天籁，刚道有雌雄。一点浩然气，千里快哉风。

满庭芳·归去来兮

　　元丰七年四月一日，余将去黄移汝，留别雪堂邻里二三君子，会李仲览自江东来别，遂书以遗之。

　　归去来兮，吾归何处？万里家在岷峨。百年强半，来日苦无多。坐见黄州再闰，儿童尽，楚语吴歌。山中友，鸡豚社酒，相劝老东坡。

　　云何？当此去，人生底事，来往如梭！待闲看秋风，洛水清波。好在堂前细柳，应念我，莫剪柔柯。仍传语，江南父老，时与晒渔蓑。

定风波·常羡人间琢玉郎

　　王定国歌儿曰柔奴，姓宇文氏，眉目娟丽，善应对，家世住京师。定国南迁归，余问柔："广南风土，应是不好？"柔对曰："此心安处，便是吾乡。"因为缀词云。

　　常羡人间琢玉郎，天教分付点酥娘。自作清歌传皓齿，风起，雪飞炎海变清凉。

　　万里归来颜愈少，微笑，笑时犹带岭梅香。试问岭南应不好，却道：此心安处是吾乡。

浣溪沙 · 细雨斜风作晓寒

元丰七年十二月二十四日，从泗州刘倩叔游南山。

细雨斜风作晓寒，淡烟疏柳媚晴滩。入淮清洛渐漫漫。
雪沫乳花浮午盏，蓼茸蒿笋试春盘。人间有味是清欢。

行香子 · 述怀

清夜无尘，月色如银。酒斟时、须满十分。浮名浮利，
休苦劳神。叹隙中驹，石中火，梦中身。

虽抱文章，开口谁亲。且陶陶、乐尽天真。几时归去，
作个闲人。对一张琴，一壶酒，一溪云。

蝶恋花 · 泛泛东风初破五

泛泛东风初破五。江柳微黄，万万千千缕。佳气郁葱来
绣户，当年江上生奇女。

一盏寿觞谁与举？三个明珠，膝上王文度。放尽穷鳞看
圉圉，天公为下曼陀雨。

点绛唇 · 闲倚胡床

闲倚胡床，庾公楼外峰千朵。与谁同坐。明月清风我。
别乘一来，有唱应须和。还知么。自从添个。风月平

分破。

临江仙·送钱穆父

一别都门三改火，天涯踏尽红尘。依然一笑作春温。无波真古井，有节是秋筠。

惆怅孤帆连夜发，送行淡月微云。尊前不用翠眉颦。人生如逆旅，我亦是行人。

八声甘州·寄参寥子

有情风万里卷潮来，无情送潮归。问钱塘江上，西兴浦口，几度斜晖？不用思量今古，俯仰昔人非。谁似东坡老，白首忘机。

记取西湖西畔，正春山好处，空翠烟霏。算诗人相得，如我与君稀。约它年、东还海道，愿谢公雅志莫相违。西州路，不应回首，为我沾衣。

玉楼春·次欧公西湖韵

霜余已失长淮阔，空听潺潺清颖咽。佳人犹唱醉翁词，四十三年如电抹。

草头秋露流珠滑，三五盈盈还二八。与余同是识翁人，惟有西湖波底月。

减字木兰花·春月

春庭月午，摇荡香醪光欲舞。步转回廊，半落梅花婉娩香。

轻云薄雾，总是少年行乐处。不似秋光，只与离人照断肠。

蝶恋花·春景

花褪残红青杏小。燕子飞时，绿水人家绕。枝上柳绵吹又少。天涯何处无芳草！

墙里秋千墙外道。墙外行人，墙里佳人笑。笑渐不闻声渐悄。多情却被无情恼。

西江月·梅花

玉骨那愁瘴雾，冰肌姿自有仙风。海仙时遣探芳丛，倒挂绿毛么凤。

素面常嫌粉涴，洗妆不褪唇红。高情已逐晓云空，不与梨花同梦。

诗

江上看山

船上看山如走马，倏忽过去数百群。

前山槎牙忽变态，后岭杂沓如惊奔。

仰看微径斜缭绕，上有行人高缥缈。

舟中举手欲与言，孤帆南去如飞鸟。

王维吴道子画

何处访吴画，普门与开元。

开元有东塔，摩诘留手痕。

吾观画品中，莫如二子尊。

道子实雄放，浩如海波翻。

当其下手风雨快，笔所未到气已吞。

亭亭双林间，彩晕扶桑暾。

中有至人谈寂灭，悟者悲涕迷者手自扪。

蛮君鬼伯千万万，相排竞进头如鼋。

摩诘本诗老，佩芷袭芳荪。

今观此壁画，亦若其诗清且敦。

祇园弟子尽鹤骨，心如死灰不复温。

门前两丛竹，雪节贯霜根。

交柯乱叶动无数，一一皆可寻其源。

吴生虽妙绝，犹以画工论。

摩诘得之于象外，有如仙翮谢笼樊。

吾观二子皆神俊，又于维也敛衽无间言。

和董传留别

粗缯大布裹生涯，腹有诗书气自华。

厌伴老儒烹瓠叶，强随举子踏槐花。

囊空不办寻春马，眼乱行看择婿车。

得意犹堪夸世俗，诏黄新湿字如鸦。

辛丑十一月十九日既与子由别于郑州西门之外

不饮胡为醉兀兀，此心已逐归鞍发。

归人犹自念庭闱，今我何以慰寂寞。

登高回首坡垅隔，惟见乌帽出复没。

苦寒念尔衣裳薄，独骑瘦马踏残月。

路人行歌居人乐，僮仆怪我苦凄恻。

亦知人生要有别，但恐岁月去飘忽。

寒灯相对记畴昔，夜雨何时听萧瑟。

君知此意不可忘，慎勿苦爱高官职。

和子由渑池怀旧

人生到处知何似，应似飞鸿踏雪泥。

泥上偶然留指爪，鸿飞那复计东西。

老僧已死成新塔，坏壁无由见旧题。

往日崎岖还记否，路长人困蹇驴嘶。

东　湖

吾家蜀江上，江水清如蓝。

尔来走尘土，意思殊不堪。

况当岐山下，风物尤可惭。

有山秃如赭，有水浊如泔。

不谓郡城东，数步见湖潭。

入门便清奥，恍如梦西南。

泉源从高来，随波走涵涵。

东去触重阜，尽为湖所贪。

但见苍石螭，开口吐清甘。

借汝腹中过，胡为目耽耽。

新荷弄晚凉，轻棹极幽探。

飘飖忘远近，偃息遗佩篸。

深有龟与鱼，浅有螺与蚶。

曝晴复戏雨，戢戢多于蚕。

浮沉无停饵，倏忽遽满篮。

丝缗虽强致，琐细安足戡。

闻昔周道兴，翠凤栖孤岚。

飞鸣饮此水，照影弄毵毵。

至今多梧桐，合抱如彭聃。

彩羽无复见，上有鸢搏鹌。

嗟予生虽晚，好古意所妉。

图书已漫漶，犹复访侨郯。

《卷阿》诗可继，此意久已含。

扶风古三辅，政事岂汝谙。

聊为湖上饮，一纵醉后谈。

门前远行客，劫劫无留骖。

问胡不回首，毋乃趁朝参。

予今正疏懒，官长幸见函。

不辞日游再，行恐岁满三。

暮归还倒载，钟鼓已鼞鼞。

别　岁

故人适千里，临别尚迟迟。

人行犹可复，岁行那可追。

问岁安所之，远在天一涯。

已逐东流水，赴海归无时。

东邻酒初熟，西舍豕亦肥。

且为一日欢，慰此穷年悲。

勿嗟旧岁别，行与新岁辞。

去去勿回顾，还君老与衰。

和子由苦寒见寄

人生不满百，一别费三年。

三年吾有几，弃掷理无还。

长恐别离中，摧我鬓与颜。

念昔喜著书，别来不成篇。

细思平时乐，乃谓忧所缘。

吾从天下士，莫如与子欢。

羡子久不出，读书虱生毡。

丈夫重出处，不退要当前。

西羌解仇隙，猛士忧塞壖。

庙谋虽不战，虏意久欺天。

山西良家子，锦缘貂裘鲜。

千金买战马，百宝妆刀镮。

何时逐汝去，与虏试周旋。

戏子由

宛丘先生长如丘，宛丘学舍小如舟。

常时低头诵经史，忽然欠伸屋打头。

斜风吹帷雨注面，先生不愧旁人羞。

任从饱死笑方朔，肯为雨立求秦优？

眼前勃豀何足道，处置六凿须天游。

读书万卷不读律，致君尧舜知无术。

劝农冠盖闹如云，送老齑盐甘似蜜。

门前万事不挂眼，头虽长低气不屈。

余杭别驾无功劳，画堂五丈容旗旄。

重楼跨空雨声远，屋多人少风骚骚。

平生所惭今不耻，坐对疲氓更鞭棰。

道逢阳虎呼与言，心知其非口诺唯。

居高忘下真何益，气节消缩今无几。

文章小技安足程，先生别驾旧齐名。

如今衰老俱无用，付与时人分重轻。

六月二十七日望湖楼醉书五首

黑云翻墨未遮山，白雨跳珠乱入船。

卷地风来忽吹散，望湖楼下水如天。

放生鱼鳖逐人来，无主荷花到处开。
水枕能令山俯仰，风船解与月徘徊。

乌菱白芡不论钱，乱系青菰裹绿盘。
忽忆尝新会灵观，滞留江海得加餐。

献花游女木兰桡，细雨斜风湿翠翘。
无限芳洲生杜若，吴儿不识楚辞招。

未成小隐聊中隐，可得长闲胜暂闲。
我本无家更安往，故乡无此好湖山。

试院煎茶

蟹眼已过鱼眼生，飕飕欲作松风鸣。

蒙茸出磨细珠落，眩转绕瓯飞雪轻。

银瓶泻汤夸第二，未识古人煎水意。

自注：古语云，煎水不煎茶。

君不见昔时李生好客手自煎，贵从活火发新泉。

又不见今时潞公煎茶学西蜀，定州花瓷琢红玉。

我今贫病长苦饥，分无玉碗捧蛾眉。

且学公家作茗饮，砖炉石铫行相随。

不用撑肠拄腹文字五千卷，但愿一瓯常及睡足日高时。

汤村开运盐河雨中督役

居官不任事，萧散羡长卿。

胡不归去来，滞留愧渊明。

盐事星火急，谁能恤农耕。

巍巍晓鼓动，万指罗沟坑。

天雨助官政，泫然淋衣缨。

人如鸭与猪，投泥相溅惊。

下马荒堤上，四顾但湖泓。

线路不容足，又与牛羊争。

归田虽贱辱，岂失泥中行。

寄语故山友，慎毋厌藜羹。

吴中田妇叹

今年粳稻熟苦迟，庶见霜风来几时。

霜风来时雨如泻，杷头出菌镰生衣。

眼枯泪尽雨不尽，忍见黄穗卧青泥。

茅苫一月陇上宿，天晴获稻随车归。

汗流肩赪载入市，价贱乞与如糠粞。

卖牛纳税拆屋炊，虑浅不及明年饥。

官今要钱不要米，西北万里招羌儿。

龚黄满朝人更苦，不如却作河伯妇。

鸦种麦行

霜林老鸦闲无用，畦东拾麦畦西种。

畦西种得青猗猗，畦东已作牛尾稀。

明年麦熟芒攒槊，农夫未食鸦先啄。

徐行俯仰若自矜，鼓翅跳踉上牛角。

忆昔舜耕历山鸟为耘，如今老鸦种麦更辛勤。

农夫罗拜鸦飞起，劝农使者来行水。

饮湖上初晴后雨（其一）

水光潋滟晴方好，山色空蒙雨亦奇。

欲把西湖比西子，淡妆浓抹总相宜。

於潜僧绿筠轩

宁可食无肉，不可居无竹。

无肉令人瘦，无竹令人俗。

人瘦尚可肥，士俗不可医。

208

旁人笑此言，似高还似痴。

若对此君仍大嚼，世间那有扬州鹤？

狱中寄子由二首

圣主如天万物春，小臣愚暗自亡身。

百年未满先偿债，十口无归更累人。

是处青山可埋骨，他年夜雨独伤神。

与君世世为兄弟，更结来生未了因。

柏台霜气夜凄凄，风动琅珰月向低。

梦绕云山心似鹿，魂飞汤火命如鸡。

眼中犀角真吾子，身后牛衣愧老妻。

百岁神游定何处，桐乡知葬浙江西。

榆

我行汴堤上，厌见榆阴绿。

千株不盈亩，斩伐同一束。

及居幽囚中，亦复见此木。

蠹皮溜秋雨，病叶埋墙曲。

谁言霜雪苦，生意殊未足。

坐待春风至，飞英覆空屋。

槐

忆我初来时，草木向衰歇。

高槐虽惊秋，晚蝉犹抱叶。

淹留未云几，离离见疏荚。

栖鸦寒不去，哀叫饥啄雪。

破巢带空枝，疏影挂残月。

岂无两翅羽，伴我此愁绝。

柏

故园多珍木，翠柏如蒲苇。

幽囚无与乐，百日看不已。

时来拾流胶，未忍践落子。

当年谁所种，少长与我齿。

仰视苍苍干，所阅固多矣。

应见李将军，胆落温御史。

竹

今日南风来，吹乱庭前竹。

低昂中音会，甲刃纷相触。

萧然风雪意，可折不可辱。

风霁竹已回，猗猗散青玉。

故山今何有，秋雨荒篱菊。

此君知健否，归扫南轩绿。

初到黄州

自笑平生为口忙，老来事业转荒唐。

长江绕郭知鱼美，好竹连山觉笋香。

逐客不妨员外置，诗人例作水曹郎。

只惭无补丝毫事，尚费官家压酒囊。

自注：检校官例折支，多得退酒袋。

寒食雨二首

自我来黄州，已过三寒食。

年年欲惜春，春去不容惜。

今年又苦雨，两月秋萧瑟。

卧闻海棠花，泥污胭脂雪。

暗中偷负去，夜半真有力。

何殊病少年，病起头已白。

春江欲入户，雨势来不已。

小屋如渔舟，濛濛水云里。

空庖煮寒菜，破灶烧湿苇。

那知是寒食，但见乌衔纸。

君门深九重，坟墓在万里。

也拟哭途穷，死灰吹不起。

洗　儿

人皆养子望聪明，我被聪明误一生。

惟愿孩儿愚且鲁，无灾无难到公卿。

题西林壁

横看成岭侧成峰，远近高低各不同。

不识庐山真面目，只缘身在此山中。

春　日

鸣鸠乳燕寂无声，日射西窗泼眼明。

午醉醒来无一事，只将春睡赏春晴。

惠崇春江晓景二首（其一）

竹外桃花三两枝，春江水暖鸭先知。

蒌蒿满地芦芽短，正是河豚欲上时。

送表弟程六知楚州

炯炯明珠照双璧，当年三老苏程石。

里人下道避鸠杖，刺史迎门倒凫舄。

我时与子皆儿童，狂走从人觅梨栗。

健如黄犊不可恃，隙过白驹那暇惜。

醴泉寺古垂橘柚，石头山高暗松栎。

诸孙相逢万里外，一笑未解千忧积。

子方得郡古山阳，老手风生谢刀笔。

我正含毫紫微阁，病眼昏花困书檄。

莫教印绶系余年，去扫坟墓当有日。

功成头白早归来，共藉梨花作寒食。

赠刘景文

荷尽已无擎雨盖，菊残犹有傲霜枝。

一年好景君须记，最是橙黄橘绿时。

感旧诗

床头枕驰道，双阙夜未央。

车毂鸣枕中，客梦安得长。

新秋入梧叶，风雨惊洞房。

独行残月影，怅焉感初凉。

筮仕记怀远，谪居念黄冈。

一往三十年，此怀未始忘。

扣门呼阿同，安寝已太康。

青山映华发，归计三月粮。

我欲自汝阴，径上潼江章。

想见冰盘中，石蜜与柿霜。

怜子遇明主，忧患已再尝。

报国何时毕，我心久已降。

雪浪石

太行西来万马屯，势与岱岳争雄尊。

飞狐上党天下脊，半掩落日先黄昏。

削成山东二百郡，气压代北三家村。

千峰右卷矗牙帐，崩崖凿断开土门。

朅来城下作飞石，一炮惊落天骄魂。

承平百年烽燧冷，此物僵卧枯榆根。

画师争摹雪浪势，天工不见雷斧痕。

离堆四面绕江水，坐无蜀士谁与论。

老翁儿戏作飞雨，把酒坐看珠跳盆。

此身自幻孰非梦，故园山水聊心存。

过大庾岭

一念失垢污，身心洞清净。

浩然天地间，惟我独也正。

今日岭上行，身世永相忘。

仙人拊我顶，结发受长生。

荔支叹

十里一置飞尘灰，五里一候兵火催。

颠坑仆谷相枕藉，知是荔支龙眼来。

飞车跨山鹘横海，风枝露叶如新采。

宫中美人一破颜，惊尘溅血流千载。

永元荔支来交州，天宝岁贡取之涪。

至今欲食林甫肉，无人举觞酹伯游。

我愿天公怜赤子，莫生尤物为疮痏。

雨顺风调百谷登，民不饥寒为上瑞。

君不见，武夷溪边粟粒芽，前丁后蔡相笼加。

争新买宠各出意，今年斗品充官茶。

吾君所乏岂此物，致养口体何陋耶？

洛阳相君忠孝家，可怜亦进姚黄花。

悼朝云

苗而不秀岂其天，不使童乌与我玄。

驻景恨无千岁药，赠行惟有小乘禅。

伤心一念偿前债，弹指三生断后缘。

归卧竹根无远近，夜灯勤礼塔中仙。

纵　笔

白头萧散满霜风，小阁藤床寄病容。

报道先生春睡美，道人轻打五更钟。

椰子冠

天教日饮欲全丝，美酒生林不待仪。

自漉疏巾邀醉客，更将空壳付冠师。

规模简古人争看，簪导轻安发不知。

更著短檐高屋帽，东坡何事不违时。

六月二十日夜渡海

参横斗转欲三更，苦雨终风也解晴。

云散月明谁点缀，天容海色本澄清。

空余鲁叟乘桴意，粗识轩辕奏乐声。

九死南荒吾不恨，兹游奇绝冠平生。

澄迈驿通潮阁二首

倦客愁闻归路遥，眼明飞阁俯长桥。
贪看白鹭横秋浦，不觉青林没晚潮。

余生欲老海南村，帝遣巫阳招我魂。
杳杳天低鹘没处，青山一发是中原。

文

省试刑赏忠厚之至论

论曰：尧、舜、禹、汤、文、武、成、康之际，何其爱民之深，忧民之切，而待天下之以君子长者之道也！有一善，从而赏之，又从而咏歌嗟叹之，所以乐其始而勉其终。有一不善，从而罚之，又从而哀矜惩创之，所以弃其旧而开其新。故其吁俞之声，欢休惨戚，见于虞、夏、商、周之书。成、康既没，穆王立，而周道始衰。然犹命其臣吕侯，而告之以祥刑。其言忧而不伤，威而不怒，慈爱而能断，恻然有哀怜无辜之心，故孔子犹有取焉。

《传》曰:"赏疑从与,所以广恩也;罚疑从去,所以慎刑也。"当尧之时,皋陶为士,将杀人,皋陶曰"杀之"三,尧曰"宥之"三,故天下畏皋陶执法之坚,而乐尧用刑之宽。四岳曰"鲧可用",尧曰"不可,鲧方命圮族",既而曰"试之"。何尧之不听皋陶之杀人,而从四岳之用鲧也?然则圣人之意,盖亦可见矣。

《书》曰:"罪疑惟轻,功疑惟重,与其杀不辜,宁失不经。"呜呼!尽之矣。可以赏,可以无赏,赏之过乎仁;可以罚,可以无罚,罚之过乎义。过乎仁,不失为君子;过乎义,则流而入于忍人。故仁可过也,义不可过也。古者赏不以爵禄,刑不以刀锯。赏以爵禄,是赏之道,行于爵禄之所加,而不行于爵禄之所不加也。刑以刀锯,是刑之威,施于刀锯之所及,而不施于刀锯之所不及也。先王知天下之善不胜赏,而爵禄不足以劝也,知天下之恶不胜刑,而刀锯不足以裁也,是故疑则举而归之于仁。以君子长者之道待天下,使天下相率而归于君子长者之道,故曰:忠厚之至也。

《诗》曰:"君子如祉,乱庶遄已。君子如怒,乱庶遄沮。"夫君子之已乱,岂有异术哉?时其喜怒,而无失乎仁而已矣。《春秋》之义,立法贵严,而责人贵宽。因其褒贬之义以制赏罚,亦忠厚之至也。

贾谊论

　　非才之难，所以自用者实难。惜乎！贾生王者之佐，而不能自用其才也！夫君子之所取者远，则必有所待；所就者大，则必有所忍。古之贤人，皆有可致之才，而卒不能行其万一者，未必皆其时君之罪，或者其自取也。愚观贾生之论，如其所言，虽三代何以远过？得君如汉文，犹且以不用死。然则是天下无尧、舜，终不可以有所为耶？仲尼圣人，历试于天下，苟非大无道之国，皆欲勉强扶持，庶几一日得行其道。将之荆，先之以冉有，申之以子夏。君子之欲得其君，如此其勤也。孟子去齐，三宿而后出昼，犹曰“王其庶几召我”。君子之不忍弃其君，如此其厚也。公孙丑问曰："夫子何为不豫？"孟子曰："方今天下，舍我其谁哉！而吾何为不豫？"君子之爱其身，如此其至也。夫如此而不用，然后知天下之果不足与有为，而可以无憾矣。若贾生者，非汉文之不能用生，生之不能用汉文也。

　　夫绛侯亲握天子玺而授之文帝，灌婴连兵数十万，以决刘、吕之雄雌，又皆高帝之旧将，此其君臣相得之分，岂特父子骨肉手足哉！贾生，洛阳之少年，欲使其一朝之间尽弃其旧而谋其新，亦已难矣。为贾生者，上得其君，下得其大臣，如绛、灌之属，优游浸渍而深交之，使天子不疑，大臣不忌，然后举天下而唯吾之所欲为，不过十年，可以得志。安有立谈之间，而遽为人痛哭哉？观其过湘，为赋以吊屈原，纡郁愤闷，趯然有远举之志，其后以自伤哭泣，至于夭绝。是亦不善处穷者也。夫谋之一不见用，安知终不复用也？不知默默以待其变，而自残至此。呜呼！贾生志大而量小，才有余而识不足也。古之人有高世之才，必有遗俗之累，是故非聪明睿哲不惑之主，则不能全其用。古今称苻坚得王猛于草茅之中，一朝尽斥去其旧臣，而与之谋。彼其匹夫，略有天下之半，以此哉？愚深悲贾生之志，故备论之。亦使人君得如贾谊之臣，则知其有狷介之操，一不见用，则忧伤病沮，不能复振；而为贾生者，亦慎其所发哉！

晁错论

天下之患，最不可为者，名为治平无事，而其实有不测之忧。坐观其变，而不为之所，则恐至于不可救。起而强为之，则天下狃于治平之安，而不吾信。唯仁人君子豪杰之士，为能出身为天下犯大难，以求成大功。此固非勉强期月之间，而苟以求名者之所能也。天下治平，无故而发大难之端，吾发之，吾能收之，然后能免难于天下。事至而循循焉欲去之，使他人任其责，则天下之祸，必集于我。

昔者晁错尽忠为汉，谋弱山东之诸侯，诸侯并起，以诛错为名。而天子不察，以错为说。天下悲错之以忠而受祸，而不知错之有以取之也。古之立大事者，不唯有超世之才，亦必有坚忍不拔之志。昔禹之治水，凿龙门，决大河而放之海。方其功之未成也，盖亦有溃冒冲突可畏之患，唯能前知其当然，事至不惧，而徐为之所，是以得至于成功。夫以七国之强而骤削之，其为变岂足怪哉！错不于此时捐其身，为天下当大难之冲，而制吴、楚之命，乃为自全之计，欲使天子自将，而己居守。且夫发七国之难者谁乎？己欲求其名，安所逃其患？以自将之至危，与居守之至安，己为难首，择其至安，而遗天子以其至危，此忠臣义士所以愤惋而不平者也。当此之时，虽无袁盎，错亦不免于祸。何者？己欲居守，而使人主自将，以情而言，天子固已难之矣，而重违其议，是以袁盎之说，得行于其间。使吴、楚反，错以身任其危，日夜淬砺，东向而待之，使不至于累其君，则天子将恃之以为无恐，虽有百袁盎，可得而间哉？嗟夫！世之君子，欲求非常之功，则无务为自全之计。使错自将而击吴楚，未必无功。唯其欲自固其身，而天子不悦，奸臣得以乘其隙。错之所以自全者，乃其所以自祸欤！

湖州谢上表

臣轼言：蒙恩就移前件差遣，已于今月二十日到任上讫者。风俗阜安，在东南号为无事；山水清远，本朝廷所以优贤。顾惟何人，亦与兹选。臣轼中谢。伏念臣性资顽鄙，名迹堙微。议论阔疏，文学浅陋。凡人必有一得，而臣独无寸长。荷先帝之误恩，擢置三馆；蒙陛下之过听，付以两州。非不欲痛自激昂，少酬恩造，而才分所局，有过无功；法令具存，虽勤何补！罪固多矣，臣犹知之。夫何越次之名邦，更许借资而显授。顾惟无状，岂不知恩？此盖伏遇皇帝陛下，天覆群生，海涵万族，用人不求其备，嘉善而矜不能。知其愚不适时，难以追陪新进；察其老不生事，或能牧养小民。而臣顷在钱塘，乐其风土。鱼鸟之性，既自得于江湖；吴越之人，亦安臣之教令。敢不奉法勤职，息讼平刑。上以广朝廷之仁，下以慰父老之望。臣无任。

凤鸣驿记

始余丙申岁举进士，过扶风，求舍于馆人；既入，不可居而出，次于逆旅。其后六年，为府从事。至数日，谒客于馆，视客之所居，与其凡所资用，如官府，如庙观，如数世富人之宅。四方之至者，如归其家，皆乐而忘去。将去，既驾，虽马亦顾其阜而嘶。余召馆吏而问焉。吏曰："今太守宋公之所新也。自辛丑八月而公始至，既至逾月而兴功，五十有五日而成。用夫三万六千，木以根计，竹以竿计，瓦、甓、坯、钉各以枚计，秸以石计者二十一万四千七百二十有八，而民未始有知者。"余闻而心善之。其明年，县令胡允文具石，请书其事，余以为有足书者。乃书曰：

古之君子不择居而安，安则乐，乐则喜从事。使人而皆喜从事，则天下何足治钦！后之君子，常有所不屑则躁，否则惰。躁则妄，惰则废，既妄且废，则天下之所以不治者，常出于此，而不足怪。今夫宋公计其所历而累其勤，使无龃龉于世，则今且何为矣，而犹为此官哉！然而未尝有不屑之心。其治扶风也，视其陁兀者而安植之，求其蒙茸者而疏理之，非特传舍而已。事复有小于传舍者，公未尝不尽心也。尝食刍豢者难于食菜，尝衣锦者难于衣布，尝为其大者不屑为其小，此天下之通患也。《诗》曰："岂弟君子，民之父母。"所贵乎岂弟者，岂非以其不择居而安，安而乐，乐而喜从事钦？夫修传舍，诚无足书者。以传舍之修，而见公之不择居而安，安而乐，乐而喜从事者，则是真足书也。

喜雨亭记

亭以雨名，志喜也。古者有喜，则以名物，示不忘也。

周公得禾，以名其书；汉武得鼎，以名其年；叔孙胜狄，以名其子。其喜之大小不齐，其示不忘一也。余至扶风之明年，始治官舍，为亭于堂之北，而凿池其南，引流种树，以为休息之所。是岁之春，雨麦于岐山之阳，其占为有年。既而弥月不雨，民方以为忧。越三月乙卯，乃雨，甲子又雨，民以为未足。丁卯，大雨，三日乃止。官吏相与庆于庭，商贾相与歌于市，农夫相与忭于野，忧者以乐，病者以愈，而吾亭适成。

于是举酒于亭上以属客，而告之曰："五日不雨，可乎？"曰："五日不雨，则无麦。""十日不雨，可乎？"曰："十日不雨，则无禾。"无麦无禾，岁且荐饥，狱讼繁兴，而盗贼滋炽，则吾与二三子，虽欲优游以乐于此亭，其可得耶？今天不遗斯民，始旱而赐之以雨，使吾与二三子得相与优游而乐于此亭者，皆雨之赐也。其又可忘耶？既以名亭，又从而歌之曰：使天而雨珠，寒者不得以为襦；使天而雨玉，饥者不得以为粟。一雨三日，繄谁之力。民曰太守，太守不有。归之天子，天子曰不然。归之造物，造物不自以为功。归之太空，太空冥冥。不可得而名，吾以名吾亭。

凌虚台记

国因于南山之下，宜若起居饮食与山接也。四方之山，莫高于终南。而都邑之丽山者，莫近于扶风。以至近求最高，其势必得。而太守之居，未尝知有山焉。虽非事之所以损益，而物理有不当然者，此凌虚之所为筑也。方其未筑也，太守陈公杖履逍遥于其下，见山之出于林木之上者，累累如人之旅行于墙外而见其髻也。曰：是必有异。使工凿其前为方池，以其土筑台，高出于屋之危而止。然后人之至于其上者，恍然不知台之高，而以为山之踊跃奋迅而出也。公曰："是宜名凌虚。"以告其从事苏轼，而求文以为记。

轼复于公曰："物之废兴成毁，不可得而知也。昔者荒草野田，霜露之所蒙翳，狐虺之所窜伏，方是时，岂知有凌虚台耶？废兴成毁相寻于无穷，则台之复为荒草野田，皆不可知也。尝试与公登台而望，其东则秦穆之祈年、橐泉也，其南则汉武之长杨、五柞，而其北则隋之仁寿、唐之九成也。计其一时之盛，宏杰诡丽，坚固而不可动者，岂特百倍于台而已哉！然而数世之后，欲求其仿佛，而破瓦颓垣无复存者，既已化为禾黍荆棘丘墟陇亩矣，而况于此台欤？夫台犹不足恃以长久，而况于人事之得丧，忽往而忽来者欤？而或者欲以夸世而自足，则过矣。盖世有足恃者，而不在乎台之存亡也。"既已言于公，退而为之记。

超然台记

凡物皆有可观。苟有可观，皆有可乐，非必怪奇伟丽者也。铺糟啜醨皆可以醉，果蔬草木皆可以饱。推此类也，吾安往而不乐。夫所为求福而辞祸者，以福可喜而祸可悲也。人之所欲无穷，而物之可以足吾欲者有尽。美恶之辨战乎中，而去取之择交乎前，则可乐者常少，而可悲者常多。是谓求祸而辞福。夫求祸而辞福，岂人之情也哉！物有以盖之矣。彼游于物之内，而不游于物之外。物非有大小也，自其内而观之，未有不高且大者也。彼挟其高大以临我，则我常眩乱反覆，如隙中之观斗，又乌知胜负之所在。是以美恶横生，而忧乐出焉。可不大哀乎！

余自钱塘移守胶西，释舟楫之安，而服车马之劳；去雕墙之美，而庇采椽之居；背湖山之观，而行桑麻之野。始至之日，岁比不登，盗贼满野，狱讼充斥，而斋厨索然，日食杞菊。人固疑余之不乐也。处之期年，而貌加丰，发之白者，日以反黑。余既乐其风俗之淳，而其吏民亦安予之拙也。于是治其园圃，洁其庭宇，伐安丘、高密之木以修补破败，为苟完之计。而园之北，因城以为台者，旧矣，稍葺而新之。时相与登览，放意肆志焉。南望马耳、常山，出没隐见，若近若远，庶几有隐君子乎？而其东则卢山，秦人卢敖之所从遁也。西望穆陵，隐然如城郭，师尚父、齐桓公之遗烈，犹有存者。北俯潍水，慨然太息，思淮阴之功，而吊其不终。台高而安，深而明，夏凉而冬温。雨雪之朝，风月之夕，余未尝不在，客未尝不从。撷园蔬，取池鱼，酿秫酒，瀹脱粟而食之，曰：乐哉游乎！方是时，余弟子由适在济南，闻而赋之，且名其台曰"超然"。以见余之无所往而不乐者，盖游于物之外也。

石钟山记

《水经》云：彭蠡之口，有石钟山焉。郦元以为下临深潭，微风鼓浪，水石相搏，声如洪钟。是说也，人常疑之。今以钟磬置水中，虽大风浪不能鸣也，而况石乎！至唐李渤始访其遗踪，得双石于潭上，扣而聆之，南声函胡，北音清越，桴止响腾，余韵徐歇，自以为得之矣。然是说也，余尤疑之。石之铿然有声者，所在皆是也，而此独以钟名，何哉？

元丰七年六月丁丑，余自齐安舟行适临汝，而长子迈将赴饶之德兴尉，送之至湖口，因得观所谓石钟者。寺僧使小童持斧，于乱石间择其一二扣之，硿硿焉，余固笑而不信也。至暮夜月明，独与迈乘小舟，至绝壁下。大石侧立千尺，如猛兽奇鬼，森然欲搏人；而山上栖鹘，闻人声亦惊起，磔磔云霄间；又有若老人咳且笑于山谷中者，或曰此鹳鹤也。余方心动欲还，而大声发于水上，噌吰如钟鼓不绝。舟人大恐。徐而察之，则山下皆石穴罅，不知其浅深，微波入焉，涵澹澎湃而为此也。舟回至两山间，将入港口，有大石当中流，可坐百人，空中而多窍，与风水相吞吐，有窾坎镗鞳之声，与向之噌吰者相应，如乐作焉。因笑谓迈曰："汝识之乎？噌吰者，周景王之无射也；窾坎镗鞳者，魏庄子之歌钟也。古之人不余欺也！"

事不目见耳闻，而臆断其有无，可乎？郦元之所见闻，殆与余同，而言之不详；士大夫终不肯以小舟夜泊绝壁之下，故莫能知；而渔工水师虽知而不能言。此世所以不传也。而陋者乃以斧斤考击而求之，自以为得其实。余是以记之，盖叹郦元之简，而笑李渤之陋也。

祭欧阳文忠公文

呜呼哀哉！公之生于世，六十有六年。民有父母，国有蓍龟，斯文有传，学者有师，君子有所恃而不恐，小人有所畏而不为。譬如大川乔岳，不见其运动，而功利之及于物者，盖不可以数计而周知。今公之没也，赤子无所仰芘，朝廷无所稽疑，斯文化为异端，而学者至于用夷，君子以为无为为善，而小人沛然自以为得时。譬如深渊大泽，龙亡而虎逝，则变怪杂出，舞鳅鳝而号狐狸。昔其未用也，天下以为病；而其既用也，则又以为迟。及其释位而去也，莫不冀其复用；至其请老而归也，莫不惆怅失望。而犹庶几于万一者，幸公之未衰。孰谓公无复有意于斯世也，奄一去而莫予追。岂厌世溷浊，洁身而逝乎？将民之无禄，而天莫之遗？昔我先君，怀宝遁世，非公则莫能致。而不肖无状，因缘出入受教于门下者，十有六年于兹。闻公之丧，义当匍匐往救，而怀禄不去，愧古人以忸怩。缄词千里，以寓一哀而已矣。盖上以为天下恸，而下以哭其私。呜呼哀哉！

参寥泉铭　并叙

余谪居黄，参寥子不远数千里从余于东城，留期年。尝与同游武昌之西山。梦相与赋诗，有"寒食清明""石泉槐火"之句，语甚美，而不知其所谓。其后七年，余出守钱塘，参寥子在焉。明年，卜智果精舍居之。又明年，新居成，而余以寒食去郡，实来告行。舍下旧有泉，出石间，是月又凿石得泉，加冽。参寥子撷新茶，钻火煮泉而瀹之，笑曰："是见于梦九年，卫公之为灵也久矣。"坐人皆怅然太息，有知命无求之意。乃名之"参寥泉"。为之铭曰：

在天雨露，在地江湖。皆我四大，滋相所濡。伟哉参寥，弹指八极。退守斯泉，一谦四益。余晚闻道，梦幻是身。真即是梦，梦即是真。石泉槐火，九年而信。夫求何神，实弊汝神。

黠鼠赋

苏子夜坐，有鼠方啮。拊床而止之，既止复作。使童子烛之，有橐中空。嘐嘐聱聱，声在橐中。曰："嘻，此鼠之见闭而不得去者也。"发而视之，寂无所有。举烛而索，中有死鼠。童子惊曰："是方啮也，而遽死耶？向为何声，岂其鬼耶？"覆而出之，堕地乃走。虽有敏者，莫措其手。苏子叹曰："异哉，是鼠之黠也。闭于橐中，橐坚而不可穴也。故不啮而啮，以声致人；不死而死，以形求脱也。吾闻有生，莫智于人。扰龙、伐蛟，登龟、狩麟。役万物而君之，卒见使于一鼠。堕此虫之计中，惊脱兔于处女。乌在其为智也？"坐而假寐，私念其故。若有告余者曰："汝惟多学而识之，望道而未见也。不一于汝，而二于物，故一鼠之啮而为之变也。人能碎千金之璧，不能无失声于破釜；能搏猛虎，不能无变色于蜂虿。此不一之患也。言出于汝，而忘之耶？"余俯而笑，仰而觉。使童子执笔，记余之作。

前赤壁赋

壬戌之秋，七月既望，苏子与客泛舟游于赤壁之下。清风徐来，水波不兴。举酒属客，诵明月之诗，歌窈窕之章。

少焉，月出于东山之上，徘徊于斗牛之间。白露横江，水光接天。纵一苇之所如，凌万顷之茫然。浩浩乎如冯虚御风，而不知其所止；飘飘乎如遗世独立，羽化而登仙。

于是饮酒乐甚，扣舷而歌之。歌曰："桂棹兮兰桨，击空明兮溯流光。渺渺兮予怀，望美人兮天一方。"客有吹洞箫者，倚歌而和之。其声呜呜然，如怨如慕，如泣如诉，余音袅袅，不绝如缕。舞幽壑之潜蛟，泣孤舟之嫠妇。

苏子愀然，正襟危坐而问客曰："何为其然也？"客曰："'月明星稀，乌鹊南飞'，此非曹孟德之诗乎？西望夏口，东望武昌，山川相缪，郁乎苍苍，此非孟德之困于周郎者乎？方其破荆州，下江陵，顺流而东也，舳舻千里，旌旗蔽空，酾酒临江，横槊赋诗，固一世之雄也，而今安在哉？况吾与子渔樵于江渚之上，侣鱼虾而友麋鹿，驾一叶之扁舟，举匏樽以相属。寄蜉蝣于天地，渺沧海之一粟。哀吾生之须臾，羡长江之无穷。挟飞仙以遨游，抱明月而长终。知不可乎骤得，托遗响于悲风。"

苏子曰："客亦知夫水与月乎？逝者如斯，而未尝往也；盈虚者如彼，而卒莫消长也。盖将自其变者而观之，则天地曾不能以一瞬；自其不变者而观之，则物与我皆无尽也，而又何羡乎！且夫天地之间，物各有主，苟非吾之所有，虽一毫而莫取。惟江上之清风，与山间之明月，耳得之而为声，目遇之而成色，取之无禁，用之不竭，是造物者之无尽藏也，而吾与子之所共适。"

客喜而笑，洗盏更酌。肴核既尽，杯盘狼籍。相与枕藉乎舟中，不知东方之既白。

后赤壁赋

是岁十月之望，步自雪堂，将归于临皋。二客从予过黄泥之坂。霜露既降，木叶尽脱，人影在地，仰见明月，顾而乐之，行歌相答。

已而叹曰："有客无酒，有酒无肴，月白风清，如此良夜何！"客曰："今者薄暮，举网得鱼，巨口细鳞，状如松江之鲈。顾安所得酒乎？"归而谋诸妇。妇曰："我有斗酒，藏之久矣，以待子不时之需。"

于是携酒与鱼，复游于赤壁之下。江流有声，断岸千尺；山高月小，水落石出。曾日月之几何，而江山不可复识矣。予乃摄衣而上，履巉岩，披蒙茸，踞虎豹，登虬龙，攀栖鹘之危巢，俯冯夷之幽宫。盖二客不能从焉。划然长啸，草木震动，山鸣谷应，风起水涌。予亦悄然而悲，肃然而恐，凛乎其不可留也。反而登舟，放乎中流，听其所止而休焉。时夜将半，四顾寂寥。适有孤鹤，横江东来。翅如车轮，玄裳缟衣，戛然长鸣，掠予舟而西也。

须臾客去，予亦就睡。梦一道士，羽衣翩跹，过临皋之下，揖予而言曰："赤壁之游乐乎？"问其姓名，俯而不答。"呜呼！噫嘻！我知之矣。畴昔之夜，飞鸣而过我者，非子也耶？"道士顾笑，予亦惊寤。开户视之，不见其处。

菜羹赋　并叙

东坡先生卜居南山之下，服食器用，称家之有无。水陆之味，贫不能致，煮蔓菁、芦菔、苦荠而食之。其法不用醯酱，而有自然之味。盖易具而可常享，乃为之赋，辞曰：

嗟余生之褊迫，如脱兔其何因。殷诗肠之转雷，聊御饿而食陈。无刍豢以适口，荷邻蔬之见分。汲幽泉以揉濯，搏露叶与琼根。爨铏锜以膏油，泫融液而流津。

汤蒙如松风，投糁豆而谐匀。覆陶瓯之穿崇，罢搅触之烦勤。屏醯酱之厚味，却椒桂之芳辛。水耗初而釜治，火增壮而力均。滃嘈杂而麇溃，信净美而甘分。登盘盂而荐之，具匕箸而晨飧。助生肥于玉池，与五鼎其齐珍。鄙易牙之效技，超傅说而策勋。沮彭尸之爽惑，调灶鬼之嫌嗔。嗟丘嫂其自隘，陋乐羊而匪人。先生心平而气和，故虽老而体胖。忘口腹之为累，以不杀而成仁。窃比余于谁欤？葛天氏之遗民。

酒子赋　并引

南方酿酒，未大熟，取其膏液，谓之酒子，率得十一。既熟，则反之醅中。而潮人王介石，泉人许珏，乃以是饷予。宁其醅之漓，以靳予一醉。此意岂可忘哉！乃为赋之。

米为母，曲其父。烝羔豚，出髓乳。怜二子，自节口。饷滑甘，辅衰朽。先生醉，二子舞。归瀹其糟饮其友。先生既醉而醒，醒而歌之曰：

吾观稚酒之初泫兮，若婴儿之未孩。及其溢流而走空兮，又若时女之方笄。割玉脾于蜂室兮，甒雏鹅之琼匙。味盎盎其春融兮，气凛洌而秋凄。自我膰腹之瓜罂兮，入我凹中之荷杯。噉朝霞于霜谷兮，濛夜稻于露畦。吾饮少而辄醉兮，与百榼其均齐。游物初而神凝兮，反实际而形开。顾无以酬二子之勤兮，出妙语为琼瑰。归怀璧且握珠兮，挟所有以傲厥妻。遂讽诵以忘食兮，殷空肠之转雷。

老饕赋

庖丁鼓刀，易牙烹熬。水欲新而釜欲洁，火恶陈江右久不改火，火色皆青。而薪恶劳。九蒸暴而日燥，百上下而汤鏖。尝项上之一脔，嚼霜前之两螯。烂樱珠之煎蜜，瀹杏酪之蒸羔。蛤半熟而含酒，蟹微生而带糟。盖聚物之夭美，以养吾之老饕。婉彼姬姜，颜如李桃。弹湘妃之玉瑟，鼓帝子之云璈。命仙人之萼绿华，舞古曲之郁轮袍。引南海之玻璃，酌凉州之蒲萄。愿先生之眉寿，分余沥于两髦。候红潮于玉颊，惊暖响于檀槽。忽累珠之妙唱，抽独茧之长缫。闵手倦而少休，疑吻燥而当膏。倒一缸之雪乳，列百柂之琼艘。各眼滟于秋水，咸骨醉于春醪。美人告去，已而云散，先生方兀然而禅逃。响松风于蟹眼，浮雪花于兔毫。先生一笑而起，渺海阔而天高。

记游定惠院

黄州定惠院东小山上，有海棠一株，特繁茂。每岁盛开，必携客置酒，已五醉其下矣。今年复与参寥师及二三子访焉，则园已易主。主虽市井人，然以予故，稍加培治。山上多老枳木，性瘦韧，筋脉呈露，如老人项颈。花白而圆，如大珠累累，香色皆不凡。此木不为人所喜，稍稍伐去，以予故，亦得不伐。既饮，往憩于尚氏之第。尚氏亦市井人也，而居处修洁，如吴越间人，竹林花圃皆可喜。醉卧小板阁上，稍醒，闻坐客崔成老弹雷氏琴，作悲风晓月，铮铮然，意非人间也。晚乃步出城东，鬻大木盆，意者谓可以注清泉，瀹瓜李。遂夤缘小沟，入何氏、韩氏竹园。时何氏方作堂竹间，既辟地矣，遂置酒竹阴下。有刘唐年主簿者，馈油煎饵，其名为甚酥，味极美。客尚欲饮，而予忽兴尽，乃径归。道过何氏小圃，乞其丛桔，移种雪堂之西。坐客徐君得之将适闽中，以后会未可期，请予记之，为异日拊掌。时参寥独不饮，以枣汤代之。

记承天寺夜游

元丰六年十月十二日夜，解衣欲睡，月色入户，欣然起行。念无与为乐者，遂至承天寺寻张怀民。怀民亦未寝，相与步于中庭。庭下如积水空明，水中藻、荇交横，盖竹柏影也。何夜无月？何处无竹柏？但少闲人如吾两人者耳。

记游松风亭

余尝寓居惠州嘉祐寺，纵步松风亭下。足力疲乏，思欲就林止息。望亭宇尚在木末，意谓是如何得到？良久，忽曰："此间有甚么歇不得处？"由是如挂钩之鱼，忽得解脱。若人悟此，虽兵阵相接，鼓声如雷霆，进则死敌，退则死法，当甚么时也不妨熟歇。